第一四四辑

OLDPHOTOS
老照片

主编 冯克力

山东画报出版社
济南

图书在版编目（CIP）数据

老照片.第144辑/冯克力主编. —济南：山东画报出版社，2022.8
ISBN 978-7-5474-4140-4

Ⅰ.①老… Ⅱ.①冯… Ⅲ.①世界史－史料 ②中国历史－现代史－史料 Ⅳ.①K106 ②K260.6

中国国家版本馆CIP数据核字（2023）第040316号

LAOZHAOPIAN DI144JI

老照片.第144辑
冯克力主编

责任编辑 赵祥斌
特邀编辑 张 杰 丁 东 邵 建
装帧设计 王 芳
特邀审校 王者玉 赵健杰

主管单位 山东出版传媒股份有限公司
出版发行 山东画报出版社
    社　　址　济南市市中区舜耕路517号　邮编 250003
    电　　话　总编室（0531）82098472
    　　　　　市场部（0531）82098479
    网　　址　http://www.hbcbs.com.cn
    电子信箱　hbcb@sdpress.com.cn
印　　刷 山东临沂新华印刷物流集团有限责任公司
规　　格 140毫米×203毫米　32开
    6印张　143幅图　120千字
版　　次 2022年8月第1版
印　　次 2022年8月第1次印刷
书　　号 ISBN 978-7-5474-4140-4
定　　价 25.00元

本社对全部图片及文字享有专有出版权，任何单位和个人使用本书作品，须经本社同意。如有印装质量问题，请与出版社总编室联系更换。

目 录

颜长江　伯父们 …………………………………………… 1

胡　剑　"青春"永驻
　　　　——梅州青春照相店的前世今生 ………………… 30
云从龙　前尘影事
　　　　——三家江西老字号照相馆述往 …………………… 48

冬　冬　我在"上中"的日子里 ……………………………… 59
赵庆国　我的师范生活 ……………………………………… 82

晏　欢　我与抗战老兵尤广才的忘年交 …………………… 88
谭安利　老照片和书信见证赤子心 ………………………… 94
潘志豪　谁知红颜是须眉 …………………………………… 107

许大昕　那时，那人……
　　　　——人物旧照十五帧 …………………………… 115

朱 炜	寻踪莫干山	131
孙国辉	1970年：草原上的人们	140
刘巍峰	威海塑匠的手艺活	146
刘 鹏	一百年前的小学校园采风	153

| 邹士方 | 继母马志华 | 158 |
| 姚亦锋 | 父亲参加过渡江战役 | 168 |

毕醒世	关中八一剧团	177
何 芳	一张八十年前的照片	181
黄建栋	南通土改工作队员的合影	185

| 冯克力 | 巫鸿先生如是说 | 187 |

封　面　民国少女（云志艺术馆）

封　二　乒乓游戏摄影（刘鹏）

封　三　春播（孙国辉）

人生况味

伯父们

颜长江

那应该是一个明亮的上午。远山秀媚，梅州城金山顶图书馆掩映在树木中。一群少年在此合影。分头，衬衣，西裤，还有墨镜。他们青春，洋气，我看了都羡慕。

那是1953年，合影的是中华街秋官第（即振威将军第）的颜家兄弟们，都是十四世亨字辈，共一个太公，即清末的颜守正，城中有名的大善人。

民国遗风而接新中国气象，这幅梦幻般的银盐作品满足了我对父辈对家乡的所有想象。太美了，说起来，我们现在哪有这样的派头呢！

这幅已经漫漶的合影（图1），让我感叹国家与青年的朝气，更感触于拍摄之后，大浪淘沙，兄弟们各自的命运，迅速在海内外浮沉展开。

我感叹呵，这么鲜活的世界远去了。

我最熟悉的基亨伯父不在此幅照片上，但梅州到底是侨乡，家族留下的老照片还有不少，我看到了基伯童年时的照片。

如果说上一幅有牛奶般的质地，此幅（图2）的技巧更让我

图1 梅州青年合影。摄于1953年。右起依次为：颜亮亨、颜吉亨、颜运亨、颜永亨（蹲者）、颜谋亨。左一疑为颜接亨，一说为邻居邓填元。

这个专家惊叹。孩童们平均分布得宜，黑位水平够足，非常凝重。

是的，一群孩童，竟然有不同一般的气质。毕竟他们来自传承两百多年的城中世家，哪怕此时已然破落。

我一眼看出左一就是基伯（颜基亨），后来他老了也是如照片中瘦如竹竿，人淡如菊的。照片中都是他亲兄弟姐妹们，除了中间那位，是他家朋友的儿子忠古（现生活于南非），当时寄养在他家。左二是我珍秀姑妈（现居广州），右二是谋亨叔（现居中国香港），右一是远秀姑妈（嫁到毛里求斯，已逝）。

这一幅大约摄于抗战末期的照片上的孩童们，后来基本上全是大学生。虽然当时国家有难，但客家人文脉不断。

照片中其实还少了我父亲。基伯与我父亲亮亨，也许是秋官第中，如意堂下，最好的兄弟。我父亲现在告诉我，他曾一人生活在祖屋，那时只有基伯家让他来吃白饭。因为我爷爷在20世纪30年代就和另几位兄弟下南洋了，一直下到非洲毛里求斯国。

图2 20世纪40年代，秋官第兄弟姐妹的合影。左起依次为：颜基亨（后以一东字行）、颜珍秀、颜忠古、颜谋亨、颜远秀。

1947年,我亲伯父接亨也到了次毛里求斯国,跟我爷爷过活。一间小店,生意也不好,接伯还去照相馆当了学徒。

1952年,我奶奶也要出国与爷爷会合,要带父亲出去。父亲给老师写信,表示自己作为新中国的少年不出国。结果校方把他的信贴了出来,那就真出不去了。临上车时,父亲躲起来了,跑到一家面馆——"我在那里吃face(面),吃得very饱"。奶奶等不到她儿子,托人找到后,我父亲也只是挥手说个再见,没有安慰的话。奶奶只好抹泪远去。

这一别,三十年。

父亲如此爱国,与基伯有关。他们相差仅半岁,如同亲兄

图3 20世纪40年代末,颜亮亨与其兄颜接亨(左)、其姐颜豪秀(后去台湾)。

图4 梅州革命青年。左二为颜亮亨。

弟。父亲说，过年那天，基伯就会搞来狮子，他执头，父亲执尾，跟上几个小弟兄，逢店就去贺，基伯手从狮子口中伸出，抓人家贡品桌上的香肠。过年嘛，店家总会给两个钱物。这是他们度过贫穷生活的一个办法。

基伯又是颜屋第一个看《毛泽东选集》的人，还曾弄来著者的像，像是给老屋注入了光辉。父亲最难忘的是，他们参加抗美援朝演剧队，扮演角色到松口等村镇做宣传。父亲扮地主，基伯扮特务，很受欢迎。

这张老照片（图4），说明了他们那种革命兄弟情。1951年的这一天，一群少年居然很有雅兴，拍下了"胜利归来"。左二为我父亲，右一很像基伯，但父亲认为不是，他也记不得其他人了，也不记得为何要拍这照片。可怜父亲鞋也没有。

父亲的革命意识，还与尤亨伯有关（与父亲是同一太公）。1948年末，尤伯高中没读完，"投共"去了。几个月后，回到了老屋。父亲当时十三岁，说"共产"不好，尤伯脱口而出：反动派！这可是新词儿。

父亲还有两位异姓好友，朱玉生、李腾杞。三人仿桃园三结义。那两位进了颜府，也管我奶奶叫阿妈。1952年，朱伯伯下印尼去了。这一别，就是四十来年。朱伯伯出洋后，跟潮经叔（我爷爷辈）学摄影，然后为乡民拍照。客家人出南洋，大多有成，90年代归来，已成富豪。朱伯伯令我叫其伯父，他讲起印尼华人，那是另一部史诗，不多提了。

父亲没走，他哥哥又想回新中国。奶奶后来常骂父亲："你不跟我走，你哥又硬要回唐山（指祖国）！否则兄弟齐心，我和你爸何至于那么惨！"

当时，接伯觉得新中国光芒万丈。他到了外洋，也不好混，

图5 缅甸华侨颜然经与自己和朋友的孩子合影。右一忠古，右二颜谋亨。

然后在1953年，他回国了。作为爱国青年，新政府不会亏待的，先让他进北京"华侨补校"，后他又考进北京工业学校学习。

那是他春风得意时，作为一个照相师，回到家乡的时候，很想拍点什么。我推测，他和众兄弟来到金山顶图书馆，拍了前面那张美妙的合影（图1）。

父亲回忆，这幅照片中左一——副华侨的派头，可能是接伯。接伯确实也是刚归国的华侨。那意气风发，几十年后我们都能感觉到。当然，贵亨叔却说那不是他，说接伯当年比这位还漂亮哩！

据贵叔现在回忆，有一年接伯暑假回家，他讲了一件有趣的事。说有一天，经过天安门广场，后面有两位中学生模样的女生，拖着长长的毛辫子，脚步匆匆，很快就超过了接伯。超过他时，两条辫子往后面一甩，刚好把他插在上衣口袋的一支钢笔给钩走了，钢笔就挽在毛辫子上。

那时，接伯刚回国不久，不太会讲普通话，叫了几次那两位小姐："同志，同志！"但她们就是不回头。他加快了脚步，走到她们面前，用手比画让她们停下。她们以为是坏人，想高声呼喊，被接伯制止了，说："同志，你的毛辫子把我的钢笔钩走了。"普通话不大标准，好不容易才比画清楚。女学生拿起辫子一看，果然挽着一支笔，不好意思地把笔取下来还给了他，并道了歉说："不好意思，对不起！"说完，不好意思地跑开了。

父亲说，还有一件事。接伯回国旅行，走到杭州西湖，听见一位姑娘说客家话。于是上前搭话，竟然是梅州城中通好的长辈女儿，也是回国赶考的毛里求斯华侨。事情就这么巧，这位吴小姐就成了接伯的女友。然而参加高考时，接伯信心不足，只考上了中专，吴小姐考取北京外国语学院学德语。接伯自觉地位有了差别，也就分手了。吴小姐后来是中央人民广播电台的播音员。

我常想，他们在西湖边偶遇的场景，实在有点美好，那是新的中国，新中国的新青年。

一切看起来那么顺利。1956年，接伯被安排在河北邯郸工作，还读起中国人民大学函授班。

而1954年，基伯与他姐珍秀两人一同考取河南开封师院地理科。这是颜府最早的两位当代大学生。他们这些南方人怎么适应河南的，我不知道。有天我突然问：您那时生在足球之乡，踢不踢球？基伯一笑：少时都是赤脚踢，到了开封，入学即进校队了。基伯一直瘦如竹竿，很难想象他会踢球。

我记得基伯家有一张老照片（图5）上有一位穿西装的男子，

英气逼人。那就是他们的父亲——华侨颜然经。真是有其父必有其子。

又过一年，即1955年，我父亲考取华中师院中文系。自从乾隆年间颜屋考中两位武进士（两位军门均名列客家诗人）之后，这是颜屋的文化高光时刻了。当然，二百年来，一定有更多没得到功名的人才。比如我爷爷钦经和叔公耿经，他们是毛里求斯华侨，在家信里展示了惊人的诗才，尤其是后者，新旧诗都行，80年代写给我们兄弟俩的明信片上，总会有一首诗。从他的白话诗文里，我们感觉到了未曾体验过的汉语之美。而他们只是小商人而已。

父亲是秋官第最后一位诗人。进校之后，1957年，见武汉长江大桥正在修建，父亲一激动便来了首长诗，还是歌行体——《大桥行》。写好后投稿，竟然刊登在《羊城晚报》头版，次日香港《大公报》转载，火了一把。得稿费四十元，用其中两元请同学们吃了馆子。一个月后，接伯从邯郸来，父亲又请他美美地吃了一顿。我能想象，少年时期吃不饱饭的他们，该是多么开心。

这一年，也是"知识分子的春天"。父亲也"放炮"了，怀着一腔热诚，给党起草了一封信，还与要好的同学赵三秋推敲了一下。信的内容自然是向党提建议，中间有一条是取消共青团，因为造成了等级意识。这信寄团中央转党中央。结果，此信真的得到中办批转，转到湖北省委，省委领导又加了批示，于是这事就大了。

当时组织上照顾父亲是华侨家属，暗定他为"中右"。而赵伯伯，一个大学生，"顶替"我父亲成为第一批"右派"。

图6 1963年婚后不久,父亲颜亮亨与母亲郑必珍于后来的三峡坝址中堡岛合影。

他是长沙人。年老后见他,依然皮肤白皙,个子瘦高,当年也应是相当英俊潇洒的。

1959年,父亲被分配到湖北西部宜昌县工作。赵伯伯受石声淮教授(钱锺书妹夫)等关照,在学校奶牛场工读三年,然后作为"摘帽右派"被分配到更西的湖北利川县。

诗人总是天真于政治。1960年,父亲在斗争意识极强的分乡中学被定为"右倾机会主义分子",原因是帮彭德怀说话,虽然他并非党员。8月,他被下放到县农场,其实就是集中全县"右派分子""历史反革命分子"等人员的劳改场。他们分为四队,父亲所在队里有彭兰生、王先富等我后来也知道的人。

彭兰生伯伯是退伍军人,转业到宜昌做教师。他怎么成"右派"的，父亲到现在也不知道。只知道当时听人说，他太敢说了。父亲说，当时大家是不会问别人的问题的。

说起彭伯伯，父亲最难忘的是当时他目睹了一个事件。彭伯伯有天写了一个请假条，说爱人就在附近，身子有病，想去探望一下。

农场管他们的领导看了，不准，同时将请假条扔在地上。

"你可以不给我假，但不能扔我的假条！给我捡起来！"彭伯伯竟然发火了。

"你这'右派分子'也太猖狂了！"那个领导被激怒了。

彭伯伯接话，这一句才精彩：

"'右派'也是人，而人是有尊严的！"

我能想象彭伯伯的天门口音，是怎样震动了农场。"强项！"父亲这样形容对彭伯伯的最初印象。两边人劝，那领导才骂咧咧地叫着"我迟早要收拾你"走了，就像契诃夫笔下的那个变色龙一样。

书生一怒，也可地动山摇。父亲何尝不是。

这一波浪潮过后，彭伯伯后来到三斗坪小学工作，父亲到了三斗坪中学工作，两人自然成了好友。

生活就是这样，错过了十五的月亮，但十六的月亮更圆。

劳动一年，父亲恢复工作，然后有了妻小，度过了一生中快乐平静的几年。不过，1966年来了，有"案底"与海外关系的父亲，一下子又首当其冲了。在县里的批判大会被批斗后，父亲与彭伯伯一同劳动。彭伯伯这样回忆：

有次给县礼堂建设打夯，大家有气无力，因为祸从口出，不敢唱，不敢喊，没号子就打不好。正无计时，突然听到圆润响亮的号子声，原来是全县挂了牌的颜亮亨先生在领唱毛泽东主席诗词——

"钟山——哎——风雨哟，起苍黄，百万那——哟喂子嗬哟——雄师哎，嗨呀，过大江……"

大家投去赞许的目光。劳动有了成效。

那年头会多，父亲开会时丢了把折扇，扇骨上有他的手书"×××万岁"。次日，扇子出现了，不过上面的字变成了"×××坏"。

虽然审来审去，并不能肯定是他写的，但我父亲终于还是成了"反革命分子"。因为照顾侨眷，罪名前面加了个定语："划而不戴的"。

多年以后，他回想起神秘的扇子事件，竟然说不能肯定是不是他写了那四个字。也许是人改的，也许真是自己写了。其实父亲至今思维敏捷，记忆力不错。我想，小说《1984》的著名一幕，主人公真诚地相信手有六个指头，这样的事，就这样发生在我父亲身上了。

三斗坪。这个光辉的名字，三峡大坝坝址所在，从来都是大江奔流，风云际会。在这里，著名教师颜亮亨那是无人不晓的。我的童年也给裹在他的风云里。

彭伯伯在，王先富也来了。他们是好友，彭伯伯还有一位同屋老师李有森叔叔，李叔叔很快也成为父亲的至交。这是艰难岁月里的一群好友。

回到学校，书是不能教了，就与老"棚友"王先富一块，在学校打杂，种菜喂猪。

那十来年里,赵伯伯也在利川安了家。1968年初,他与夫人携着出生才几个月的儿子赵世龙,回乡探亲。在宜昌转船时,向三斗坪中学挂了个电话,没想到接电话的人厉声喝道:"你是何人,找颜亮亨何事,准备干什么……"吓得赵伯伯赶紧扔下电话走了。

二十多天后,宜昌来了两名外调干部。赵伯伯果断承认是他打的电话,十年不见的老同学嘛!来人查不出有什么串联意图,警告了事。

父亲正式戴上"反革命分子"帽子是1969年。1968年1月,父亲深感前景难测,竟动了回乡探亲的念头。好在当时形势有一点缓冲,他竟然被批准了。这样,两口子携着长子——四岁的颜文斗,辗转费了不少劲,回到了秋官第。此时距离家已经十来年了。

父亲一家人在梅州的只有接伯了。他1961年调回广东,在汕头人民银行工作,后调回到梅州,在梅江报社任会计。此时接伯已有两个孩子,也是很穷,夫妻月收入六十多元,比我父母亲还少二十。兄弟十二年未见了,接伯从厨房拿出两小块猪肉,指着小的说,这是年三十吃的,指着大的说,这是大年初一吃的。

接伯是位有见识的人,本来兄弟俩家事国事,文章诗歌,都是无所不谈的,然而父亲不敢透露自己的处境。1960年那次因苦闷给接伯的长信,已经让他兄长震惊,责他要谨言慎行,早日进步,现在如果告知新的苦难实情,那是更吓人了。

父亲又去朱玉生伯父家。当然,父亲穷得照样是空手上门。朱伯的父亲很热情,说朱伯在印尼发展得很好,回来了几次,坐的都是日本飞机呢！问父亲近况，父亲只好又假言以告。

回到武汉，父亲突发奇想，要去河南探望基伯与珍秀姑。他与他们感情上等于亲兄亲姐，也许以后难得一见了。于是父亲让正怀着我的母亲带着孩子先行回家，自己一人来到河南。

基伯在荥阳县马固中学教书。未料基伯不易找到，他正在受审查，被短暂关过。父亲好不容易才在该县印刷厂找到躲着的他。比起诗人性子的父亲，基伯是位老实人，又是读理科的，怎么也被难了呢？

因为"特嫌"。原来，基伯是读地理的，野外考察拍了些照片，连同与接伯在天安门前的合影底片，寄到了香港八叔（我得叫八叔公）开的照相馆冲洗。这就麻烦了，小将们疑惑为什么要寄到香港冲，而那合影的接亨又是归侨，这就里通外国了……

兄弟俩都大难当头，只是相对安慰了一下。次日父亲便赶往兰考。到了兰考火车站，看到要饭的，其中一位唱着："焦裕禄，毛主席的好学生！"

父亲一阵难受。找到兰考一中，与珍姑见了面。珍姑说焦裕禄的女儿是她的学生，焦本人也来开过家长会的，为人和气，没有架子。珍姑六岁的女儿张慧带着我父亲来到了焦墓，父亲恭敬地三鞠躬。

道生一，还生二，还生三。
父亲没想到的是，此后不久，接伯竟也出事了。
与意气风发的父亲不同，接伯是长得敦厚，人也老实。不料被单位陷以错账，罪名是"私挪公款，支持派仗"，竟然坐牢一年，此后又在"牛棚"劳动五年。其实接伯只是会计，做事都是上级的指示。

由此，颜屋作为知识分子的三兄弟，都成了另类人士。而此时，不论是远去印尼的朱伯，还是在毛里求斯的五个亨字辈兄弟（全部是在该国出生，我的一位伯父四位叔叔），正以华人特有的奋斗精神，在通往富裕的道路上努力。

父亲被宣判后，就离开学校，到暮阳村劳动。其间1970年"一打三反"，父亲与彭兰生、王先富这三位十来年前的"棚友"，竟然再度成为三斗坪学区三个"反派"。彭伯伯的故事精彩，他自述"两番加冠，鱼肉于革保之间，六秋饲豕，蒙冤因顶峰之罪"。

原来，父亲有次下山，在码头遇到彭伯伯，谈起林彪的顶峰论。两个人看法自然一致。不料有次开会，彭伯伯说漏了嘴，说出与颜老师一起探讨"顶峰论"的事情，于是，竟致发回天门当农民了。

他回忆说，除了他们这些人，还常有农村的通奸者。有次大家叫骂那失足妇女，彭伯伯忍不住说了同情的话，没想到一转眼，那失足妇女高喊道："打倒'右派分子'彭兰生！"

一次，彭伯伯被允许参加一个学习会。校方向新来的年轻英语教师介绍同事，到了他这儿，竟是用英文说："He is right。"

那英语老师会意了。彭伯伯虽是语文老师，此时却轻蔑地说："你们说错了，right是形容词，应该加er，才变成名词，才是'右派'！"

那两人愕然。

父亲劳动的地方都很有意思，比如暮阳就在《水经注》里提到的黄牛岩上，石牌村则是抗战史上石牌保卫战的胡琏将军指挥部。这两个地方我实地考察过，一直都穷，尤其是暮阳，名字好听而已，穷得房顶都多是石片，连瓦都没有，高山深渊，取水也是个问题。

父亲在暮阳，那是不见米，不见油，白天干重体力活，晚上睡在柴草上。曾一同在学校小溪边担水种菜的王先富老师，后来也到了暮阳改造。

1976年，历史正在剧变。父亲当时已被允许回到学校。年尾的一天，传来一个噩耗：王先富这位湖南人——我不能确定是该叫伯伯还是叔叔——死了。劳动时，从坎上摔下了悬崖。

限于身份，父亲不能前往帮忙。据去了的老师们说，王老师粉身碎骨。父亲做了一首诗怀念，中有两句：

"身无双飞翼，失神望暮阳。"

我很能想象父亲呆呆地立在操场上怀念故友的样子。我觉得这两句诗真是好诗，看似平常，但解史可助解诗，它是多么惊心动魄啊！"暮阳"一词，本有诗意，有谁知道这诗意隐含血泪呢！

李有森叔叔胆子大，他帮着收尸回来，从口袋中掏出一件东西给父亲看："我还找到了王先富的眼珠子。"

王先富的妻子从湖南走来，老实巴交，碍于王先富的身份，也谈不上赔偿，什么都没要就走了。

父亲和彭伯伯对此事总是感叹："他倒在了黎明前啊！"

黎明很快就到来了。

母亲设法团聚，调到了离宜昌市区不远的土门中学。调令下达，正好是毛主席去世那天。父亲去了一看，发现彭兰生也在这里。彭伯伯四年前被打回老家自食其力，现在看来恢复政策了。彭伯伯笑着说："三斗坪的造反派说我们有不解之缘，这不，又到一起了。"父亲也设法调了去。

又一个新时代开始了。我家与海外的亲戚也联系上了。计算器、手表、自动伞，尤其是海外来信上花哨的邮票，让校内外的人很是惊奇。父亲从来是敢试新鲜事物的，他穿上了西装，人们在他背后指指点点："颜老师的衣服背后给剪了一刀！"

过了几年，我也读初一了，对在初中工作的彭伯伯有了直观的印象。他们一家生活在池塘下方的坎子上，阴暗潮湿。彭伯伯总是穿个背心，摇个棕扇，白白的脸上总在流汗。他不像我父亲那样斯文，感觉总在斥责老婆孩子。他的天门口音，总是让我感到紧张，与湿热的湖北天气，与难忍的贫穷生活联系在一起。他叫孩子名字的声音至今让我记忆如新，"宅余！宅余！""宅"字他发音为"策"。天门口音，如同唱歌，尾音拉得老长。

为什么叫宅余这么怪异的名字？现在想来，应该是取陶令公"方宅十余亩"吧！彭伯伯诗也不错的，不过，这一代知识分子，哪可能如陶令公那样，归园田居，置身政治之外呢？

1979年，父亲获得平反。因为是华侨家属，并未被停发工资，所以只赔偿了抄家的经济损失八十元。彭伯伯获得改正，得了历年扣发的工资，不过才七百元。也是此年，赵三秋伯伯收到华中师院来函：通知"右派"改正，请转达所在单位。

父亲平反后，仅两个月，就收到通知：当选为宜昌县政协委员。真是一朝翻身了。一年后父亲又进阶为政协常委，父母也调到县城，不提。

这是中国知识分子的春天吧——算起来，是第二次春天。

同年，梅州为接伯平反。平反后，他立马设法找到已定居香港的基伯父亲然经，以其子名义，于1980年举家迁往香港。他再度成为华侨，当时已五十了。好一个人生大回旋！后来他对我说，刚去时的工作，就是扛煤气罐，一层又一层楼往上扛。后来才到"三江国货有限公司"任会计。那时刚开放，国货兴盛了几年，我家也常有了印有"三江国货"字样的塑料袋子用，很是洋气。

1985年，父亲入了党。家兄文斗曾对我多次笑着回忆："父亲入党后，很严肃地开了个家庭会议，宣布'我入党了'，今后要更加努力工作，你这个大儿子要多管家里的事。"父亲写信给香港的接伯，接伯回信说："入党也好，可以进一步证明，过去几十年整你是整错了。"

赵三秋伯伯的经历也差不多。他也入党了。入党后不久，在一次会议上他自我介绍："我，赵三秋，昔日的'右派'，现在的中共党员！"

八十年代，中国的大时代。

1985年，赵三秋举家调回长沙。到此时他已在利川二十三年。他常吟诵刘禹锡的诗句："巴山楚水凄凉地，二十三年弃置身。"

也是1985年，基伯举家调回广东，在黄埔区的广州第八十七中学当教导主任。

那些年，广东开始领中国风气之先。我家也终于与海内外

图7 1990年1月，四位"棚友"在颜文斗婚礼上留影。左起依次为：彭兰生、曾庆顺、颜亮亨、望熙文。

亲人频繁接上了头。我此时才开始真正见到所有的伯伯们，当然，还有毛里求斯回来一见的祖母。我从此开始习惯于一个广东家族的所有，包括交流的困难。老一辈普通话很差，或者不会，海外的更不会。一桌宴席上，我们常常需要译员，我的半吊子英语，竟然都是用在了家宴之上。

广东是中国的希望,是父辈的故土,在接伯、基伯的鼓励下,父亲开始想调回来,有意思的是,身为湖北人的母亲,也义无反顾——她总是说,湖北整得我们这么苦,走!

八十七中是广州最偏远的五类学校，是最差的一级中学。有趣的是，几任校长是梅州人，客家人也可能只能在郊区形成自己的天地了吧！1988年，经基伯努力运作，曾瑞天校长见到父母亲,很是欣赏,准备接收。宜昌县方面也心怀愧疚,设法开了绿灯。于是,在临近暮年之际,父亲举家迁往黄埔。彭兰生伯伯送别直送到了飞机前。

父亲和基伯这对少年好兄弟,老来竟然在同一所学校工作了。我也才有机会,伴着改革开放的春风,与几于传说中的颜家亲人们见面。

基伯我是第一次见。他很瘦,也显得精干,说话嘛,客家普通话非常轻柔,穿着白衬衣,有一些仙气。他确实是个好人。父亲说,有一天,他拉父亲出校,去探望一位发烧住院的学生,加以勉励。那学生很是感激,后来也成了该校老师。他也爱他的地理学,曾与珍姑父、植物学教授张金泉先生等下去考察植物,我还跟过他们在梅县阴那山踏勘过一次。

接伯,我的亲伯父,也是首次见。基伯若风中细柳,接伯则稳若泰山,敦实而又声音浑厚,有大哥之范。见我是当记者的,

图8 颜亮亨与赵三秋(右)在老同学聚会上相聚,两人相拥涕下。

他跟我谈相机,用客家普通话和我聊,声音糯糯的,说他用过"勃朗尼卡",香港叫"碧浪之家"。他是位行家。

他虽不怎么写诗,但在新世纪初,我父亲再去暮阳故地并作长诗后,却写过一篇文章,评我父亲的诗,题目叫《从〈大桥行〉到〈暮阳行〉——一代知识分子的心理转变历程》,可见虽去了香港,但还不忘大陆语境。

1990年,大学毕业生工作是难找的,我得到广州才行。

此前一年多,我向往着去《现代人报》实习。接伯间接决定了我的人生,他要我找他的"棚友"、广东电视台的作家张木桂先生。张伯伯说,好说,就写了一个条子,给他待过的另一个"牛棚"的"棚友"易征先生——《现代人报》的总编、当年陈布雷死后国民政府"新文胆"易君左之子。我就这样进了上一辈的"棚友圈"。1990年,我终于在《现代人报》开始了新闻生涯。

1993年的一天,一位瘦高的年轻人来到八十七中我家。原来是赵三秋伯伯的公子赵世龙,南来广州找工作。我们很谈得来,我介绍他加入了《现代人报》。1994年,赵伯伯来广州看他,我也才第一次见到赵伯,老人家也是同基伯一样瘦高白净,不同的是,言语间有湖南人的霸气。世龙后来又进入《南方周末》《羊城晚报》,这兄弟疾恶如仇,成为中国有名的社会调查记者。

"当年老赵替我当上'右派',现在我儿子助他儿子成名,也算还了一点旧账了。"父亲这样说过。

1998年,华师老同学回校集会。父亲首次当众向赵三秋伯伯道歉。赵伯伯说:"那都是时代的错。"一时两人抱头痛哭起来。

有意思的是，带头整他们的同学也在座，那人也道歉。

"我们一家都要感谢基伯。"父亲常常这样说。其实岂止我们这一家。基伯帮我父母调动过来，他自己也没意识到的是，他这一举动，我看有"洪太尉误走妖魔"的效果。此话怎讲？这是因为我父母来了，在湖北宜昌县已经工作的家兄颜文斗，便常被母亲催促南来。那时广东是中国的磁石，但我哥在宜昌已结婚生女，谈何容易。到了世纪之末，机会来了。

父亲在华师的同学还有一位苏成权（图8左二），也是广东人，也是分配到了宜昌下属的秭归县。同父亲、赵伯一样，娶了湖北女子，生长子胡盛华（从母姓）。我与胡盛华自少便如兄弟。20世纪90年代，胡盛华因我家调到广州而辞职南下，跟着广东诗人黎明鹏做些小生意。他们盛邀家兄南下创业，于是我哥下决心辞职，南来广州，三位好汉立足城中村，创立了

图9 约1996年，前游击队员、曾经的少尉尤伯坐在秋官第观音厅。

一个新的行业：出租公寓。

这一事业急剧扩展。我哥不停地向家乡要人，于是我绝大多数表兄弟来了。彭兰生伯伯之子彭宅余也来了。家兄做事，颇有宋江聚义的感觉，利益均沾，见者有份，如此谁都想来，于是个个来个"投名状"，渐有数百上千，深入广深城中村，为数十万外来工提供住宿，湖北老家几个镇也因此富了起来。

这一功德，基伯是源头，我父亲是第二源头——不仅儿子南下，他同学之子胡盛华也是关键人物。

我们的父辈，这些天南海北的知识分子，以广东为圆心，决定了我们这一代的命运。第二代人的紧密，是罕见的。

新旧世纪之交，也许是父辈们最快乐的时候，大家退休了，孩子也自立了。父亲与基伯，两位好兄弟常一起出游。这在当年又何曾敢想？有一次，他们一群八十七中同事，坐火车走兰州，转青海入拉萨。运动健将一般的父亲，突然高原反应了，不得不飞返广州。而基伯这根竹竿，却牢牢地插在高原上。

我大感意外。可能我父亲好烟酒，而基伯没任何不良嗜好？他们回来后，基伯照常三天两头往我家跑。这次我送他出小区，问他此事，他只说了一句："我宁愿死在去西藏的路上。"

这个温和的老先生让我刮目相看。其实我真不了解他，他的内心绝不平淡。

他和父亲不同，没那么有激情，没什么诗文传世，几篇地理学论文，估计也难与大家相比。但是，我觉得他和父亲做了一项真正的重要的学术工作，可属于史学。我认为，家族史才是国之正史，正如我的伯父列传，也是中国一代知识分子的写照一般。世纪之初,作为留在大陆的颜屋两位重要的知识分子,他们与其他叔伯一道,开始修家谱。

我家虽处于宗族之风很盛的广东,但没有家谱。修近三百年以来没过过的族谱,这工作我也向往的。说起来,也与我有点关系。1996年左右,我曾回到秋官第,那时刚爱好摄影,不免拍下祖居、祖坟,算第一次较好的纪实专题。尤伯一家,是唯一常住在秋官第的人,在如意堂,这位老游击队员爱谈的是我们的世系,从到梅州始祖历山公开始,他一一能说出十多代的祖宗名字,我也就记下来。

我当时确实看到了光。我写下了这些,甚至根据郡望(陋巷)与堂号(鲁国),来到山东曲阜颜府,但怎么也无法通过行辈

图10 2004年,族谱编委于振威将军第大门前合影。前右二接亨,右三尤亨;二排右四基亨,居中亮亨。

图11 接伯，1999年在香港寓所。

将我们与颜回世系联系起来。

这都写了文章发表在《焦点》杂志上，也成了修谱的参考。

革命一代，现在成了宗族事务的先锋，这很有趣。家兄对此总是一耸肩，潇洒地说："大家都要找组织啊！"

这次修谱，最重要的学术课题，是搞清一世祖从何而来。基伯率大家根据只言片语，从广东到江西、湖南、福建，总之在五岭南北往返，发现、比对、考证。其中历史渐渐清晰，发现的惊喜纷至沓来，常有山重水复之困境，却总有柳暗花明之惊喜。在我看来，这是一次学术传奇。层层剥离，最后发现了

图 12 约 2008 年，彭兰生、颜亮亨夫妇相聚于广州颜文斗寓所。

一世祖又名文端公，与广东颜姓第一豪门连平颜氏（三代五督抚，与英国打马尾海战的总督颜伯焘即其一）一世祖文厚公实为兄弟。如此，两个广东客家最重要的颜氏世家竟然是兄弟家，他们的上一世，正是福建龙岩韩坑颜氏的四世祖宗华公。就像每个客家家族的传说一样，有一位祖宗，会将子孙驱往各地，自立门户，再建纲常。这一位祖宗厉害，后代文臣武将都齐全了。

而福建，正是所有客家人的故乡中转站，如同北方洪洞。于是大家又访龙岩颜氏，这可能是三百年后第一次回家报告。福建的祖谱不仅再次证明了连平与梅州的一世祖兄弟关系，也接续上了前面数十代，证明我们来自庐陵，一直上溯到真卿公，也就是说，来自山东琅琊，再上始祖就是颜回了。

基伯住的离我们大约两站路。我还记得那些时候，他几乎每天都来与父亲商量，考证，订正，看样，他总是手里握着一叠纸张，红光满面。我也深受感染，以至于印象中的他，永远停留在那一张笑脸。

2004年重阳节，振威将军第三百多后人聚会，族谱正式发放。盛世修谱，基伯当了首功。这也许是他一生中最开心的时刻。接伯等来自港台地区，强叔等来自毛里求斯等国外，尤伯当时也健在，还有他们上一辈的长辈也有回来。这是百年盛事，我受命在屋顶拍了全族合影。基伯遗憾他的几个孩子没能来，特地找人将孩子们的影像做了上去。

新世纪开始的十几年里，是中国的上升期，诸事平稳而不用多说，但有一个节点得说。大约是2006年，在黄埔那间老式的泰丰酒楼里，父亲迎来了他的两位朋友。彭兰生、赵三秋，这两位相互从未见过的"右派"，因我父亲，也因我父亲造就的他们的儿子都到了广州的机缘，坐到了一起。赵公子世龙和我作陪。也许还有李有森叔叔，他的公子也跟着我哥干，于是他也常来了。忘了基伯是不是在座。

在我心里，他们仨让我想起"岁寒三友（右）"。

后来彭伯伯的儿子又回宜昌发展。我们就没再见面了。

我作为一个城市白领，总是不知忙些什么。在这个时代，我们顾不上老人，一晃多年过去，我们才知道，和他们谈得太少。然后会偶然发现，他们迅速老去。

接伯常来广州看父亲，变成父亲常去香港看哥哥。渐渐接伯坐上轮椅。然后，2018年，接伯去世了。我也参加了葬礼。那是一个小楼，钻石山殡仪馆。香港道士，那专业，那斯文，尤其是道袍质量真好，真是仙衣飘飘那种，让我印象很深，香港到底还是不一样。接伯一生虽然戏剧化般艰难，但总算给子女安排了一个好地方吧！

基伯一开始，总是自己坐个车来见父亲。一周总有一两回，却很少留下用饭。他是一位体谅兄弟的人。渐渐地，也要保姆陪过来才行了，后来要坐车，扶着过来了。再后来，说话也很少了，来兄弟家坐而无语。前几年住进老人院，可是我没去看他。直到在广州殡仪馆再见。终年八十六岁。

2022年5月14日夜，颜基亨先生在广州仙逝；才过了几个小时，5月15日，我叫了一辈子伯伯的彭兰生先生，在湖北去世。

他们并不相关，但于我而言——鲁迅说，院子里有两棵树，一棵是枣树，另一棵也是枣树。现在感觉一块儿倒了。我已过半百，可以以文章送走伯父们了，不管是有血缘的，还是没血缘的。

同接伯一样，基伯的告别礼人很少，只有十来个人。基伯留下的遗言,是要埋在祖坟旁边。一位知识分子,在中国南北都生活过,最后还是想回到祖宗身边。

那坟我熟悉,我们一块儿去过。但这愿望很难实现,现在地权早已不是个人的了。但若实现,他也许是半数漂泊谋生直到海外的颜家人中,唯一死归故乡的人。父亲说,他百年后也想这样。

真不知道彭伯伯晚年怎么过的,前几年还听说他女儿因车祸去世了,真是天地不仁哪!他与基伯并不认识,但他们几于同日去世,却触动我的心弦:伯父们的时代远去了!

前些年,父亲每次回去湖北,都要见彭伯伯。彭伯伯总会说起当年,愤愤不平。在生命最后的那一刻,这位强项的人,应该是死不瞑目啊!

他是九十三岁。仁者寿。

死后其子宅余寄来老人的诗集。我看到里面有顾准式的光芒。

我写这文章,其实也是自罚。他们都很看重我,但我欠他们一句话。作为一个总是在历史文化语境中品评时事人物的写作者,我应该对他们说:"您是很杰出的人。您就是历史,也对得住历史,做人与为文,都不虚此生。我们会写下你们的历史。"

他们或能安慰一下啊!

父亲亨字辈中排第六,前五位已过世。新中国的第一代知识分子,基本远离。我熟悉的伯父伯伯们,只有朱玉生伯父、赵三秋伯伯,还在。祝他们健康长寿。

"青春"永驻

——梅州青春照相店的前世今生

胡 剑

2021年8月，笔者在中央电视台《记住乡愁》栏目，看到关于梅州"青春照相店"的专题节目后，一直想找机会拜访这家有百年历史的照相店主人。12月中旬，我和妻子从四川南充出发，驱车一千七百公里，专程前往广东省梅州市。在梅江区东门塘路2号，青春照相店第三代传人梁才昌先生，向我详细讲述了这家照相店的前世今生。

梅州市位于广东省东北部，是客家人最集中的聚居地之一，被誉为"世界客都"。由于梅州山多田少，土地贫瘠，生活艰难，明末清初，梅州客家人兴起了"下南洋"、赴海外谋生的潮流。据《梅州侨情》1990年统计，仅旅居泰国的梅州人就超过五十万。泰国前总理他信、英拉兄妹也是梅州客家人，他们是第四代泰国华裔。2014年10月31日，这两位泰国前总理，曾经回到梅州市丰顺县埔寨镇塔下村寻根探亲、祭奠先祖。

当年，在众多前往泰国的华人中，有一个名叫李炯南的梅州盘龙桥人，带着妻子跟随同乡的客家人一道，来到泰国清迈寻求谋生之道。清迈是一座历史悠久的文化古城，曾是兰纳王朝的都城，也是仅次于首都曼谷的第二大城市。这里山清水秀，景色优美,素有"泰北玫瑰"之称,是泰国北部政治、经济、文化中心。与许多漂泊异乡的华人一样,李炯南在清迈不辞劳苦、辛勤打拼,寻找着最适合自己的发展空间。他知道,泰国是个佛教国家,其文化、艺术、道德观念、风俗习惯等各方面都受到佛教的深刻影响。泰国与佛教相关的传统节日很多,如佛诞节、万佛节、三宝佛节、守夏节、解夏节,还有宋干节、水灯节、九皇斋节等。他发现,每逢这些传统节日,人

图1 1938年7月,连环照相店创始人李炯南在广东梅县。

们都会身着节日盛装,举行各种仪式和庆典。当他看到人们为了留下节日喜庆的纪念照,在门庭若市的照相店前排队等候时,精明聪慧的李炯南马上意识到,自己应该做什么了。

于是,他和家人一边做生意,一边学习照相技术,筹划着有朝一日在清迈创办一家华人照相店。李炯南和妻子凭着吃苦耐劳的精神和坚忍不拔的毅力,经过几年奋斗,终于有了可观的积蓄。经过仔细筹划,他首先购置了照相及洗印全套设备,接着又租了一间宽敞门店作为营业用房。就这样,1920年初,一个名为"连环照相店"的华人店铺,在泰国清迈正式开张营业。之所以取名"连环",李炯南主要基于两点考虑:一是妻子的名字叫"莲娇",作为贤妻良母,她是李炯南生命和事业中最重要的人,以她名字第一个字"莲"的同音字"连"作为店名,以示夫妻情深;二是"连环"本意为一环套一环,环环

图2　1941年,李炯南夫妇与九个孩子在梅县合影。

相扣,比喻用影像记录时代和人生的紧密联系、永续发展。百年前的李炯南先生可能没有想到,他这次不经意的创业,一不小心就成了百年之后梅州"青春照相店"的创始人。

连环照相店的诚实守信、质优价廉和热情周到的服务,赢得了众多顾客信赖。李炯南的生意很快在清迈打开局面,特别是当地的华人,凡是家中有喜事值得庆贺或参加节日庆典需要照相的,本着"肥水不流外人田"的家乡观念,大家都会首选在连环照相店拍照留念。直到1923年,在清迈经营照相业务四年之后,因家中老人年事已高需要照料,李炯南决定回归故土,把照相技术带回家乡发展。当年年底，客居异国他乡的李炯南和妻子，风尘仆仆地回到阔别近十年的祖国。他们在梅县大康路48号租得一处房产后，重新将连环照相店的招牌挂了出去，在本乡本土继续从事照相生意。从此，连环照相店带着新潮与时尚活跃在粤东北地区，成为梅州有史以来第一家照相店。

李炯南夫妇共生育了十一个子女，其中有四个儿子和两个儿媳都以摄影为职业。特别值得一提的是，在20世纪30年代至40年代，连环照相店曾经还是"学抗会"的三大联络点之一。"学抗会"即"梅县中等学校学生抗日同志会"的简称，成立于1937年10月。1940年春，国民党顽固派消极抗日，梅县当局公开镇压群众抗日救亡运动，解散"学抗会"，取缔其会刊《学生岗位》，并将七名学生代表（其中六名共产党员）逮捕，关押在梅西龙虎监狱。后在中共党组织的领导和社会各界进步人

图3　20世纪20年代，泰国清迈一对夫妻在清迈连环照相店留影。

图4 20世纪20年代,一对华人父子在泰国清迈连环照相店留影。

士的声援下,当局于6月16日无罪释放了被捕的七位同学,史称"梅县七君子事件"。此后,党组织为了保存力量,把暴露身份的中共党员全部转移,"学抗会"也进入了地下活动。

连环照相店老板李炯南的三儿子李铎元,在厦门大学读书时,就加入了中共地下党。毕业后他回到梅县,与当地党组织取得了联系。从此,他利用连环照相店的有利位置,将其作为"学抗会"联络点,并以照相店摄影师的身份作掩护,负责接收和转送党组织的文件及全国抗战信息,在隐蔽战线配合"学抗会"继续开展抗日救国活动。在此期间,李铎元还拍摄了"剧七队"许多演出剧照。"剧七队"即"抗敌演剧宣传队第七队"的简称,它是中国共产党领导的以演剧方式进行抗日宣传的十五个文艺团体之一。1945年9月,"剧七队"在梅县公演时,李铎元一直跟随他们在城区、乡村和学校四处奔波,记录了《打鬼子》《朱大嫂送鸡蛋》《军民进行曲》《农村曲》《小人物狂想曲》等演出实况和剧照。当年,有"南国影星"之称的表演艺术家史进先生,也曾作为"剧七队"的队员在梅县参加公演。他在离开梅县时,还在李铎元的纪念册上写下了"用你的镜头摄出人类的曲折"的题词。青春照相店如今保存的"剧七队"在梅县公演时的部分照片,虽因年代久远已经模糊,但为梅县红色革命

图5 20世纪20年代,梅县一对新婚夫妻与家人合影。

历史提供了珍贵史料。

1949年5月，梅县和平解放。1956年初，全国进入社会主义改造高潮，对资本主义工商业实行全行业公私合营，连环照相店由国营梅县饮食服务公司管理，更名为青春照相店。从1956年到1999年的四十三年间，梅县饮食服务公司以全民所有制企业的法人身份，成为连环照相店到青春照相店的第二代传人，沿袭着该店创立以来的各项经营业务。

2001年，梅州市商业系统全面推行企业改制。那时，虽然第一代数码相机刚刚面世，且价格昂贵，但从事摄影行业的人已经敏锐意识到，随着照相机进入寻常百姓家，照相店面临着前所未有的市场经济浪潮冲击，传统的照相业务将难以为继。在改制过程中，许多人都明确表示不愿再经营照相店业务，纷纷各显其能，另谋再就业之路。眼看梅州这家老字号名店就要

图6　20世纪30年代，梅县南门沿河一带。

图 7 20 世纪 30 年代,两位海外归来的梅县华侨。

销声匿迹,这时,该店一个名叫梁才昌的摄影师,经过深思熟虑后果断地站了出来。为了让梅州这一老街名店得以延续,企业改制后,他决定以个人名义继续经营青春照相店。历经沧桑岁月,梅州这家历史最悠久的照相店,走过了从私有到国有,再到私有的曲折历程。作为青春照相店的第三代传人,梁才昌以该店法定代表人的身份,一直坚守并传承着一代摄影人的初心,用镜头为百姓服务,并忠实记录时代变迁和梅州的发展进程。

其实，早在20世纪70年代，梁才昌就与青春照相店结下了不解之缘。梁才昌喜欢摄影并以此作为自己终生的职业，源于他珍藏的两张老照片。这两张照片都是他出生那一年拍摄的，每次看到这两张与他同龄的老照片，他都有一种难以言说的感受。梁才昌的父母早年都是旅居海外的华侨。1954年2月，他出生在缅甸仰光，而他父亲却因常年奔波积劳成疾，在他出生后不久就患病去世。那时，还是婴儿的他，和两个哥哥都是懵懂孩童。他们根本不明白，失去父亲意味着什么；他们更不知道，作为一个漂泊异国他乡的弱女子，他们的母亲在丈夫突然撒手人寰之后，面对三个未成年的孩子，将要承受何等沉重的负担。成年之后，梁才昌从母亲的讲述和这两张老照片上，读到了缺失的父爱和深沉的母爱。他觉得，作为收藏和唤醒记忆的载体，历经岁月冲刷的老照片，能给人留下难以磨灭的印记。正是通过这两张伴随他成长的老照片，他充分认识到影像存在的意义，萌生了学习摄影的想法，并开启了自己终生事业的大门。

1954年9月20日，新中国的第一部宪法在第一届全国人大第一次全体会议上全票通过。海外华侨欢欣鼓舞，奔走相告！人民代表大会制度的建立和宪法的颁布施行，为人民行使当家作主的权利，提供了可靠的制度保障和宪法依据。许多华侨陆续返回祖国安居乐业，梁才昌的母亲也毅然决然变卖了全部家产，带着三个孩子，于1954年底回到了故乡梅县。

梁才昌随母亲回国后，在梅县度过了快乐的童年时光，完成了小学到初中的学业。1971年，正在上高中二年级时，他得知青春照相店招收员工的消息。他想，做一名摄影师，这是自己梦寐以求的愿望，决不能错过这难得的机遇，加之提前参加工作还能为母亲减轻负担。于是，十七岁的梁才昌领取高中肄业证后，决定一生就做好照相这件事。从此，他便开始了漫长的职业摄影生涯。

梁才昌性格开朗、兴趣广泛，在校学习时，就展现了自己在文娱和体育方面的特长。在他参加工作第二年的12月，梅县举行了一次规模盛大的八千米环城跑比赛，梁才昌不负众望，力挫群雄遥遥领先，一举获得冠军。后来，他又参加了梅县地区和广东省的多次运动会，均取得优异成绩。梁才昌深知，体育运动毕竟只是业余爱好，自己的主业是摄影，主要精力必须集中在本职工作上。于是，除了参加必要的社会活动，他放弃了许多休息时间，特别是每年春节万家团聚时，从正月初一到初八，他一直默默地坚守在岗位上，全身心地投入自己钟爱的摄影事业。

为了早日学到摄影技术，精明能干的梁才昌在当学徒时，吃住都在照相店里，每天起早贪黑、任劳任怨，争着干冲洗底片、打扫暗房、晾照片、切照片等杂活。凡有顾客进门，他都热情招呼，为顾客端茶倒水、帮顾客配置背景、换服装、递道具，动作非常麻利。师傅拍照时，他就在一旁仔细看怎样装胶片、调焦距、怎样选择角度、调整光圈、确定最佳时机按动快门，为顾客留下最满意的瞬间。师傅见他勤奋好学，就手把手耐心教他操作要领。梁才昌清楚地记得，相比如今功能齐全操作简单的数码相机，当年的老式相机操作起来要复杂许多，对操作者的要求也很高。每次安装胶片时，必须在伸手不见五指的暗房里，小心翼翼、准确无误地将胶片放入固定的平板盒内，这就要凭长期经验形成的手感，才不至于将胶片擦伤损坏。冲洗底片和冲印照片时，对显影液、定影液比例和温度的掌握、显影与定影时间的把控等，都必须做到细致入微。

在梁才昌的家中，收藏着许多过去的照相器材，最有年代感的是那种三脚架配万向轮的老式照相机。这种照相机的座机上端呈箱子状，将头探进遮光布帘，从箱子上的小窗口可以看见倒立的影像。通过来回推拉箱子下方的隔板，调节合适的焦距。最有特色的是这种照相机的快门和快门线，快门是一个椭圆形的橡胶球，连接着空心的快门线，拍照时通过捏按充满气体的橡胶球，让气体通过快门线传递到镜头实现曝光。梁才昌觉得，每次充满自信地捏动橡胶球，都有一种小小的成就感。

图8 1940年春，梅县城北新田杨氏家族在家中老人八十一岁生日时全家合影。

图9 1949年5月,梅县和平解放,四位军人在连环照相店合影。

因为在那一瞬间,影像就定格在胶片上了。

当年,梁才昌进入照相店后,就是凭着自信自立与自强,赢得了业内同仁的赞赏。那时没有PS(图像处理软件)技术处理照片,凡是照相店的师傅都要掌握修片这一基本技能。修片时所用的工具就是普通的HB铅笔笔芯和光源充足的修底箱。梁才昌每次修片时,先将笔芯磨得跟针尖一样细,然后把底片放在修片台上,再仔细观察人物肖像的各处细节,根据不同年龄段人的皮肤肌理走向和质感特征,用笔芯将面部的痘印、疤痕、皱纹等,一点点、一笔笔地打磨,直到缺陷被淡化、覆盖乃至消失。同时还要保持底片完好,使其在洗照片时天衣无缝。梁才昌切身体会到,修底片是一项磨炼性情的精细活。薄薄的一张底片放在修片台的玻璃上,没有放大镜,只能全神贯注地凭借肉眼,在底片上寻找和处理瑕疵,容不得一丁点儿差错。他每修好一张底片,至少都要花半天时间。那时没有彩色照片,为了满足顾客需要,在手工着色时,他能准确把控色彩的冷暖明暗、层次的浓浓深浅等各种影像效果。凡是通过他亲手着色后的照片,顾客都非常满意。

照相店的学徒,一般都要四年才能出师,而梁才昌只用了两年多时间就熟练掌握了照相、修片和手工着色等技术,并正式升格为摄影师傅。在此期间,他又努力钻研构图技巧,探索光影造型,在最简单的黑白色之间,使所摄人像和景物厚重丰富并有立体感,尽量让每一张普通的黑白照片都具有审美、欣赏和收藏价值。由于自身的勤奋及天赋,他成了照相店名副其实的"头牌"师傅。1982年,原照相店门市主任退休,梁才昌接替门市主任后,全面负责照相店的各项业务。他进一步强化

图10 20世纪50年代的梅县东山大道

图11 丁酉年（1957）春节，梅县黄氏家族合影。

员工技能培训，加强质量管理，提升服务水平，使照相馆的社会声誉和经济效益逐年攀升。

由于梅县以前只有三家照相店，而青春照相店因历史悠久、设备齐全、服务周到，很多顾客都会慕名而来。有的离照相店比较远的，为了照一张全家合影，还得预约。有些从山区来照相的，因途中尘土太多，头发会打结，梁才昌就专门准备了梳子、镜子、洗脸水给顾客梳妆。20世纪70年代，年轻人比较保守，拍结婚照时，不好意思靠得太近，这样不仅构图不好看，也显得很别扭，梁才昌每次都要帮助他们调整坐姿，将两人的肩膀靠在一起，使一对即将进入婚姻殿堂的年轻人更具有亲密感和幸福感。改革开放之后，照相成为市民的一种时尚追求，年轻人穿着花哨，女性会烫头发、穿高跟鞋，凡是来拍照的人都会

图12　1960年1月30日，汕头专区锦标赛梅县女子代表队获得亚军后合影。

精心打扮，没有华丽的服饰就会借一套带到照相店里再穿；家里有自行车的，会骑着自行车作背景；戴手表的，还要把袖子挽起来露出手表，以此作为身份的象征。那些年，青春照相店几乎承包了整个梅县百分之九十的摄影业务，每一户老梅城人的家里，至少都有一张照片出自青春照相店。

1974年10月，照相店领导安排梁才昌带上照相机，欢送梅县第一批到清凉山茶场的知识青年。他原以为只是在城里给知青拍照留影，没想到，知青办的负责人告诉他，不是在城里，而是和知青一起徒步到茶场去拍照。清凉山茶场位于梅县革命老区西阳镇，虽然离城不到二十公里，但因不通公路，山高沟深，只有一条羊肠小道。梁才昌扛着照相机，在崎岖的山路上与大家谈笑风生，经过近五个小时的跋涉，走到茶场后，他摆好照相机正要拍照,知青们说,摄影师今天辛苦了,和我们一起合影留念吧!盛情难却,梁才昌调好自动快门,蹲在前排右下角,与大家一起在茶场知青定居点留下了仅有的一张"工作照"。

在大众传媒尚不发达的年代,照相店的师傅基本上都是当地官方的兼职摄影记者。梅州每逢重要人物到访或举办大型活动,都少不了梁才昌奔忙的身影,有时还连续一周被派驻到市政府工作,全程跟踪记录相关活动。在此期间,他曾被派往现场拍摄了时任广东省委第一书记习仲勋陪同叶剑英元帅视察梅州、首届世界客属联谊会开幕、中央歌剧院到梅州演出、国家足球队赴梅州参加元宵节活动、著名相声演员马季等在梅州演出、"梅视杯"中国足球精英赛等。在这些特殊场合,梁才昌每一次按动快门,都为梅州留下了珍贵的照片档案。

图13　1961年1月23日,梅县一大家庭在老人九十一岁寿辰合影。

作为一名摄影师，梁才昌具有很强的收藏意识，凡是青春照相店拍摄的有特色和有纪念意义的照片，他都会分门别类妥善保管。在他的收藏室里，除了各个年代的照相机和相关器材，他还整理了一百多本影集、六十多个大小相框，近万张照片。关于照片收藏，有件事特别为人称道。2016年12月，梅城一位退休老人找到梁才昌，说她四十年前曾带女儿在这里拍过一张三岁生日照，后来照片和底片不慎丢失。她说女儿那天身穿羊毛衣，手拿鲜花，还戴着手表，非常可爱，很想能够找回这张照片。她知道梁才昌喜欢收藏，就抱着一线希望问他是否还保存着这张照片。当时在场的另一个顾客插话说："都四十年了，照相店不可能给你保存这么久吧？"但梁才昌翻遍20世纪70年代的影集后，竟然真的帮她找到了！于是，梁才昌邀请老人的女儿来到相馆，又给当年的小女孩——如今梅州市人民医院的白衣天使，以同样的姿势，扎着麻花辫，戴着手表，捧着鲜花拍了一张彩照。当这两张跨越时空的照片放在一起时，老人的女儿非常感动，她从画面上不仅看到了流逝的岁月，也让她找回了童年的记忆。

为了给后人收藏更多梅州旧城老街的影像，多年来，梁才昌经常喜欢拿着相机在城区漫游，不时将那些最能唤起人们记忆的岁月痕迹摄入镜头。只要听说某个地方即将拆迁改造或某处的桥梁和民生工程竣工庆典，他每次都要赶赴现场，去拍下那些有特色的老街旧影，展示梅州城历经沧桑后的巨变。他常常在同一地点、同一角度，用镜头定格梅州几十年来的发展变化，尽可能地将珍贵的历史图像呈现给百姓，让老照片成为寄托乡愁、追溯往昔时光的载体。他总是乐此不疲地用相机将城市的每个"成长"时刻定格，以生动直观的画面，折射家乡面貌的日新月异。

图 14 20 世纪 70 年代，六朵金花和她们的父母。

2015年，他在照相店专门腾出空间，布置小型老照片展览，展示梅州从20世纪30年代到90年代的老照片，让群众免费参观。从他制作的一组组今昔对比图片上，人们看到破败平房变成高楼大厦，狭窄街道变成宽阔马路，荒芜萧条的乱石滩变成芳草如茵的城市公园……他所收藏和拍摄的一万多张照片，涵盖城乡发展、人物肖像、足球文化、红色历史、客家民俗等多个门类。人们交口称赞青春照相店是梅州的"民间历史图片博物馆"。

从1920年到2022年，从"连环"到"青春"，梅州的这家百年照相店能够传承至今，离不开三代摄影人的艰辛创业、同舟共济和不懈坚守。然已年近古稀的梁才昌先生表示，作为传承人，他将继续当好"有心人"，用心、用情地把梅州的"青春"故事延续下去，让步入"期颐之年"的百年名店，再续芳华、"青春"永驻。

前尘影事

——三家江西老字号照相馆述往

云从龙

时在三伏,暑气蒸腾,晌午过后百无聊赖,移步到平日常去的旧书肆中消遣时光。东挑西拣,最后购得二百来张老照片,回来一番整理,除归置老照片外,还拣出十来张相片袋,其中有三种,引起了我刨根究底的兴趣。一是南昌鹤纪照相馆,二是南昌真真照相馆,三是景德镇受之氏照相馆,三种相片袋上皆印"公私合营"四字,据此判断当属20世纪50年代旧物,随后又查阅资料,爬梳秘辛,一段前尘影事赫然眼前。

鹤纪:开风气之先

鹤纪照相馆创设于光绪三十四年(1908),是照相术传入中国以来江西本土第一家照相馆,创始人名叫张芝鹤(一说为南昌人,一说为上海人,具体待考)。据称张氏生于秀才之家,从小酷爱绘画,喜欢追逐时髦事物。张芝鹤舅父为上海英华药房老板。通过这一渠道,张委托舅父为其买回一架小型照相机,从此便与摄影结下不解之缘。又据说张芝鹤天赋聪慧,还曾利用透镜和竹筒自制过一台简易相机。这些说法的可信程度待考,但张氏在青少年时代接受过良好教育，尤其是受过西洋文化的熏陶，应属确凿无疑。光绪三十四年，张芝鹤在百花洲畔的清江试馆（今已无存）一角正式挂起"鹤记"招牌，开宗立派，从此，江西有了第一家照相馆。

照相术传入中国是在道光二十六年（1846）左右，因其时髦新鲜，颇得市民大众尤其是士绅阶层的青

图1　"鹤纪"相片袋

睐。至19世纪末，照相术在中国已有很广大的普及和传播，一般日子殷实之家，都会挑选良辰吉日拍摄写真存影，如同今天的网红打卡地一样，照相馆在晚清民初，绝对属于时尚的象征。从这一点上来说，"鹤记"在江西开了风气之先，其迎合时代需求之及时，商业运营之成功，也是必然趋势。

之后，张芝鹤斥资买下清江试馆的地皮，并购置进口设备，扩大经营，一时成为省城南昌最红火的照相馆。正当生意"芝麻开花节节高"之际，祸从天降。1933年，一场火灾几乎烧掉了"鹤记"的所有资产。这自然令张芝鹤伤心欲绝，但他并没有灰心丧气，而是决心灾后重建，从头再来，"在原址新辟花园，设置假山、亭桥、花园、鱼池，种植果树藤草，整个馆内环境优雅、风景独特，深为拍摄风景照的人们所喜爱。摄影室内备有各种动物模型及山水布景，以丰富生活照内容"。这场火灾对张芝鹤的照相生意既

49

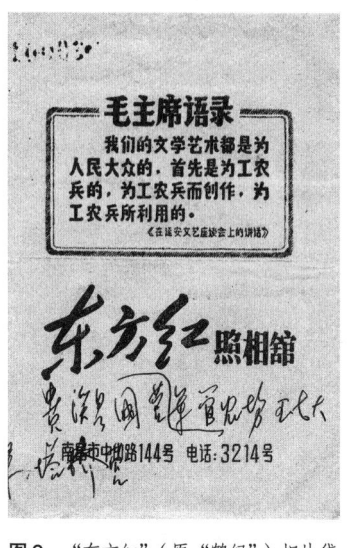

图2 "东方红"（原"鹤纪"）相片袋

是一次空前打击，也是促使其迈上新台阶的一个契机。从上述记载来看，灾后重建的新的"鹤记"从之前的豪华版升级到了旗舰版，稳稳坐到了江西照相业的头把交椅。1939年，日寇犯赣，张芝鹤匆忙偕家眷逃难，照相馆一度歇业。抗战胜利后，张芝鹤之子张美在老"鹤记"旧址重新开张，改称"鹤纪"。一字之差，新旧之别赫然。而此时，南昌照相业已不是二三十年前"鹤记"一家独大的时代，如"真真""美光""宝光"等大小照相馆共四十余家，并且行业分工开始逐步细化，如"真真"的业务主要集中在军政界，"宝光"主要包揽学界，"鹤纪"实力虽不如前，但也独占一头——商界。

1949年5月南昌解放，经过公私合营"鹤纪"被纳入社会主义工商业范畴，60年代破"四旧"，"鹤纪"更名"东方红照相馆"。1980年，原"鹤纪"照相馆旧址被全部拆除，取而代之的是占地一千八百平方米、上下五层的洪都彩色摄影大厦，"鹤纪"即将完成它的历史使命。笔者收藏有一张中共南昌市第五次代表大会全体代表合影巨幅照片，即为南昌"鹤纪"所摄，时在1985年11月。由此可知，迟至80年代中期，"鹤纪"这一老字号还在延续，然毫无疑问，那是最后的余晖。

"真真"：南昌人的"拾光机"

前文说到，抗战胜利后南昌照相馆大小有四十余家，其中"真真"主要包揽军政业务。事实上，民国时期的江西照相业，如果"鹤纪"是头把交椅，那么紧挨着排在其下的便是"真真"。"真真照相馆"创始于民国九年（1920），然论其发展势头，却丝毫不输"鹤纪"。

"真真"的创始人名叫万启贞，是地地道道的南昌人。在创办"真真"之前，万启贞是"鹤记"的一名学徒，苦修摄影技术多年之后，才出来独立门户。这符合几乎所有经典商业品牌的运行轨迹。一个真正有价值、根植于市场和大众心中的商业品牌，其生命力常常极其旺盛，不但做大自己，还具有"一生二，二生三，三生万物"的孵化功能，可以带动整个行业的繁荣发展。"真真"与"鹤记"的关系就是这样，如果没有"鹤记"，大概率不会有"真真"。

民国九年（1920），万启贞在今南昌市民德路西段开设照相馆，取名"美而特"，囿于资料匮乏，我无法获知其开业之初的经营情况，仅知在民国十八年（1929）——"美而特"存在了整整十年之后，万贞吉遇到了他的"命中贵人"陈菡舟。陈氏是当时活跃在江西军政界的名流，其毕业于保定军校一期，少将军衔。但其时，他最为重要的身份是知名"京剧票友"，对民国时期江西京剧的发展贡献卓著。在陈菡舟资助和建议下，万启贞将"美而特"搬迁至当时南昌最为繁华的地段胜利路，并更名为"真真照相馆"。我相信，这次更名，定然也是陈菡舟的意思。这个亲切而富于诗意和想象力的名字，既契合一个

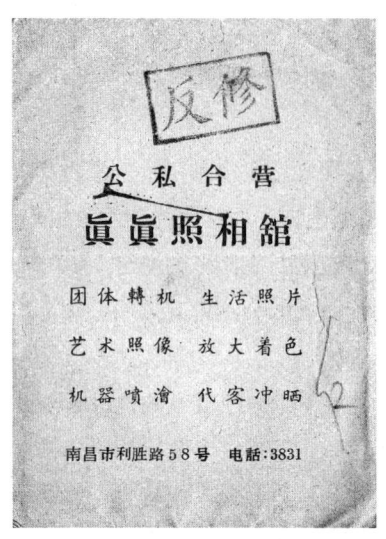

图3 "真真"相片袋

名伶唱念做打的心境,也与照相馆的功能极为般配,绝非万贞吉这样学徒出身的人能够想到。

"真真"表面上的老板是万启贞,实控人是陈菡舟。不久,陈的影响力即发挥到了极致。在陈菡舟的支持下,"真真"开始承接军政界摄影业务,未几即全部包揽,别人不容插足。30年代,蒋介石偕夫人驻跸南昌,一面督导"剿匪",一面大搞新生活运动,其与军政界的多次合影,均由"真真"拍摄。有了这些条件,岂能不发展壮大?民国二十九年(1940),"真真"购进发电机一台,在江西首开光电摄影先河,这意味着营业时间终于可以不受电力限制,晚间也可开门营业(此时可能已前往泰和或赣州)。从这一点,可以略窥"真真"的实力。抗战胜利后,"真真"迁回南昌,仍旧承揽军政界业务。如果将晚清民国的江西照相业分为上下两场,那么上半场(1908—1939)自然属于"鹤记(纪)",下半场(1939—1949)"真真"当之无愧。

"鹤记"和"真真"都在1956年实现公私合营,但与"鹤纪"1949年之后渐呈衰落的趋势不同,"真真"在1949年之后依然生机勃勃。1957年,毛泽东视察江西,与江西及华东局党政军主要领导合影,担任摄影的便是"真真"。能在新旧两个不同的时代里，为各自时代最重要的人物提供摄影服务，具备如此资历的照相馆，放眼整个中国恐怕都为数稀少，"真真"与有荣焉。此后，江西军政界及重要活动的摄影都由"真真"担任，直至21世纪初年，这一传统都在延续。其时，"真真"已经从万启贞手上传承了四代人。

"鹤记（纪）"和"真真"可以说是几代南昌人心目中的"拾光机"，很多人最美的瞬间都在这两家照相馆定格永驻，尤其是"真真"。这正如有人在书中写

图4　20世纪50年代的"真真"拍摄的肖像照。

的那样："'真真照相馆'是南昌城名头很响的一家老照相馆，它与另一家中山路上的'鹤纪照相馆'平分秋色。翻开老照片，南昌人家约有一半的'全家福'，大都出自'真真'师傅的手艺。"（梁琴：《永远的雨》，兰州：敦煌文艺出版社，2014年，第61页）。

"受之氏"：瓷都存真

"鹤记（纪）"和"真真"是驰名老字号，如雷贯耳，而对于"受之氏"，我还是第一次看到。在此之前，我从不知道在千年瓷都景德镇曾有过这么一家照相馆。如果没有深入了解，而仅凭一面之缘的话，我大概率会觉得，这可能是一家东洋人开的照

相馆，但随着对案头资料解读得不断深入，我渐渐才明白了这个名字的蕴意，原来大有来历。

光绪二十七年（1901），十八岁的广东梅县人谢益谦来到了瓷都景德镇。彼时，他的身份是一个流动照相师，他照相的手艺来自香港。每天，他都"手持洋伞，肩背照相机，穿街走巷为人拍照"。清末的景德镇，时局飘摇，来自宫廷的订单急剧减少，对外贸易也大不如前，从前那些吃香喝辣专门负责为宫廷画瓷的画师，此时一个个都愁容满面，正在苦思冥想人生出路。事实上，谢益谦来到景德镇的这个时刻，正是文人瓷以及"珠山八友"诞生的前夜，也是景德镇漫长萧条期的开始。那个时候，不论是外国的传教士，还是《东方杂志》的记者，他们所见所闻的景德镇都与千年瓷都的美誉极不匹配，到处都充满着破败、萧瑟的迹象，滞销的瓷器积压在窑炉里，令人感到窒息和绝望，来自鄱阳和都昌的陶瓷工人辛苦一月，所入尚不能饱腹，十有六七脸上都挂着菜色。

谢益谦来得似乎很不是时候。然而，新生事物的魅力总是无穷的。这个一千多年以来都依靠制瓷为生的手工业小镇，因为贸易的关系，人们对外界的新事物并不陌生。他们见过俄国客商带来的石英钟、怀表、望远镜，也见过欧洲传教士带来的新知识，却绝少见过已经风靡了很久的照相术。谢益谦的到来，引发了当地居民的极大兴趣，也令他在很短时间内赚到了起家的本钱。第二年，谢益谦购置了位于祥集下弄口街面上的几间铺面，正式设立照相馆，由"流动"改为"坐店"经营。

谢益谦为他的照相馆取了一个十分独特的名字："受之"。据说，这是他本人的字。也有文献说，开店之时，谢益谦得到了妻子于佩之的倾囊相助，为了表达对妻子的谢意，便取名"受之",有点"受之有愧,却之不恭"的意思。如若这是真的,则略略可知谢益谦对妻子的情意。

不管怎样,"受之"成了景德镇照相业的头一份。由于谢益谦善于经营,待人和气,生意很快就做得红红火火。40年代,谢益谦又在中华南路陈家街开设分店,兼营百货。此后,他逐渐垄断了瓷都的"机关团体照、学生毕业照、

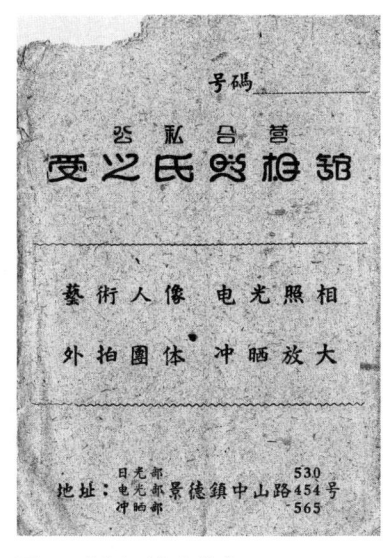

图5 "受之氏"相片袋

新婚夫妇结婚照、个人艺术照、小孩生日照"等,还将业务从城镇延伸到了乡村,"亲自下乡为老人拍摄寿辰照,儿童满月、周岁照,全家福,受到农民顾客的热情接待。如遇农村老人经济困难,还主动为老人免费拍照,并把洗好的照片亲自送到老人手中"。为确保照片质量上乘,谢益谦坚持采用进口相纸,然当时进口相纸不仅难买而且价格昂贵。为了解决这一难题,谢益谦先将景德镇的瓷器、茶叶贩卖到上海、香港等地,换取外汇,然后再购买进口相纸,一举两便。此外他还极重信用,定下规矩:凡在"受之拍照的顾客,必须在三天后前来看底片,凡不满意者可免费重拍或重洗"。从这些记载来看,和张芝鹤依仗时势、万启贞依仗关系不同,谢益谦依仗的是真正的本事和"生意经",用我们今天的话来说,此人是一个真正的商业高手。

1946年，谢益谦离开景德镇去外地经商，个中原因不明。"受之"交给妻子于佩之全权经营。于氏遂将"受之"改名"受之氏"，似有追念之意，并一直沿用至21世纪初年。1956年，"受之氏"接受公私合营，在其商号前增加"国营"二字，继续为瓷都大众服务。自50年代到新千年，瓷都很多党政要人留影、陶瓷大师存照，很大部分都出于"受之氏"。90年代中期之后，卡式照相机开始普及，"受之氏"随之走向没落，终究消失在时间的风尘里。

照相馆的兴衰与技术革新密切相关。"鹤记（纪）""真真""受之氏"三家历史悠久的照相馆之所以没落，原因是多方面的，但更重要的是照相技术的革新。90年代以来，数字技

图6　1958年，"受之氏"为景德镇一家幼儿园拍摄的照片。

图7 1966年,"鹤纪"拍摄的招贤下泽社教工作组留影。

术有了质的飞跃,这在很大程度上降低了照相技术的门槛,使得这一原本技术性较高的行当有了面向社会大众普及的可能性,照相机也从一个专业设备逐渐转变为大众消费品,促进了"自拍"时代的到来。这些变化,是任何一家照相馆都无力抵挡的。故而在我看来,有人以"鹤纪""真真"等老字号话题著文,感慨所谓民族工商业的凋零,这种故作姿态其实是没有必要的。时代如潮水般滚滚向前,总有一些行业、职业、旧有的传统会被淘汰,继之而起的是更具时代感的事物,这本身就是一个必然的历史趋势,大可不必自哀自叹。而话又说回来,在今天这样一个多元的时代里,有人喜欢手机摄影,有人喜欢专业的"长枪短炮",也有人依旧钟情柯达胶卷,在暗房里揭晓每一张底片的谜底,这样不是挺好吗?

真正的问题在于,随着老字号在实体和形态上的消失,最终连其文化记忆也被磨灭了。以"鹤纪""真真""受之氏"为例,现在如果要重述这三家老字号的历史,就会发现可找到的历史文献极其稀少,仅存的都是几十年前的个别"有心人"留下只言片语的回忆和记述,其真实性、客观性严肃追究起来十分可疑;

图8 1966年11月,"南昌东方红"(原"鹤纪")拍摄的江西大学同学合影。

再比如有关这三家照相馆的创始人张芝鹤、万启贞、谢益谦生平行状的文献记载,更是少得可怜。张芝鹤是南昌人还是上海人,抗战胜利后其去向何处,万启贞与陈菡舟的关系究竟如何,谢益谦1946年后为何要外出经商,他们的人生结局都是怎样……这些信息,没有任何材料可以佐证。历史的潮水,早已将这些曾经的记忆像浮木一样冲走,留在河床上的,无不是一具具冰冷的标本。

我在"上中"的日子里

冬　冬

"上中"是上海市上海中学的简称，它是一所闻名遐迩的百年老校，是上海市的重点中学。

我于1963年9月考进上中高中部。与大多数同学不一样的是，别人是冲着上中的教学质量高，能够实现"鲤鱼跳龙门"，我却是冲着上中重视体育锻炼、培养劳动技能、德智体全面发展的教育特色而去的。我之前在上海市第五十一中学（位育中学）读初中，入团后担任班级的团支部书记，经常动员同学们要响应国家号召，"一颗红心，两种准备"，"到农村去，到边疆去，到祖国最需要的地方去"。我对自己也有这样的要求，但苦于从小"饭来张口、衣来伸手"，生活能力比较差；第五十一中学属于五年一贯制试点学校，学习压力大，我感觉自己身体有点吃不消，于是，不顾班主任黄承海老师的一再挽留，报考了住宿制的上海中学。

上海中学原先也是1960年开始试点的五年一贯制学校，不知什么原因，1963年又恢复到六年制。我本应该在1966年从上中毕业，但临近毕业时全国开始了"文化大革命"运动，停课"闹革命"，所以，直至1968年8月才得以毕业分配到农场。

德智体全面发展的上海中学

上海中学地处上海市区西南角，占地三百余亩。教学楼有龙门楼和先棉堂两幢大楼，龙门楼后边有一大片农业试验田，被同学们称作"北大荒"，试验田后边则是食堂和小工厂。男女学生宿舍分布在龙门楼的两侧，而校园西侧的大操场离教学楼足足有一里多路，拥有八百米跑道，一个足球场，数个排球篮球场，还有一座偌大的室内体育馆。

上海中学校长叶克平曾这样说："中小学是基础教育，基础教育就要在打好基础上下功夫。我觉得基础应该是全面的，应该是德、智、体全面发展的基础，对中学生来说，尤其应该打好人生观、世界观的基础，懂得怎样做人、做怎样的人。上海中学是一所寄宿学校，还必须进行集体主义教育，使学生成为热爱集体、关心集体的社会主义新人。"叶校长将上海中学的教育特色总结为加强基础、培养能力、发展智力、因材施教等几个方面，我作为一名在校学生，自然有着切身的感受。

首先，上海中学有着严格的校规，早六时起床，晚九时熄灯，雷打不动；平时不能随便出入校门，每周六下午可以回家，但周日晚上必须返校。还有许多成文或不成文的规矩，例如，平时不

图1 叶克平校长。摄于1955年。

许吃零食，吃饭时饭米落在桌上要捡起来吃掉，不能剩饭剩菜。艰苦朴素的作风在上中校园里蔚然成风。学校靠近郊区的梅陇镇，我刚进校时，每周回家都是乘公交车，公交车站离校门一二里路，我已经觉得路很长了。后来我看到许多同学都是步行回家的，省下路费，将每月的零用钱压缩到零，觉得是一件很光荣、很时尚的事情，于是，我也开始步行回家了。

开学伊始，老师叫我们开"摆功会"，自我推荐当干部。有好几位同学站起来说，他们在初中就有做学生干部的经验，所以有能力担任班里的某个职务。我以前一直以为毛遂自荐是个人英雄主义的表现，没想到上中会鼓励这种做法。我自愧不如，刻意培养自己的挫折感，只担任了团小组长。学校团委对担任团小组长以上的同学基本上每周培训一次，从如何以身作则到如何开展工作，如何发展团员，一课接一课，一直讲到寒假来临，这使我感受到上中强烈的政治氛围，甚至感觉上中有点像一所培养国家干部的学校。

参加农业劳动是上海中学的必修之课。除了每星期有半天参加学校内部的绿化劳动，每逢"三夏"、秋收农忙时节都要住到较远的公社生产队，集中劳动一段时间。老农民表扬我们，说："你们和其他学校的学生不一样，你们是真正的劳动。"的确，我们干的都是劳动强度最大的农活。上海郊区农民干活讲究精细，我学会了规范的割稻动作，"一人割六行，一刀割两穴，三刀割一排，两排放一堆"。同学们个个你追我赶，锋利的镰刀划到手上就是一道血口子，自己到田头卫生箱那里包扎一下，继续干。每次下乡，我们都带上节目为农民演出，我还记得我参加的表演唱，七八个女生一边做挑担状，一边用上海方言唱道："面孔笑嘻嘻，踏进油菜地，菜花蜡蜡黄，花香透心里……"

除了农业劳动,在上海中学还有其他劳动锻炼机会。高一时,我被选派到化学实验室劳动,同班的杜聚芬被选到物理实验室劳动,这都是专科成绩特别好的学生才能得到的殊荣。我每天双手浸泡在盐酸水中清洗各种玻璃器皿,然后放在玻璃托盘上,送到上课的教室,或者送进实验室的储藏柜。此时稍有不慎,放在盘子上的试管烧杯就会滑落摔碎。有一次,来参观的外宾马上就要走进实验室了,我手中的玻璃托盘却哗地一下,一盘子东西全撒在地上摔得粉碎。我吓呆了,站在那里不知所措,实验室老师急急赶来,将一地的玻璃碎片扫到橱柜底下,离外宾进门只差了几秒钟。事后老师没有责怪我,也没有叫我赔偿。

还有些公益性劳动,是要学生自己主动争取的。例如,每天开饭,帮着炊事员一起将木头饭桶搭出来,给大家盛饭。这种机会也不是轻易"抢"得到的,我"抢"到过几次。没想到

图2 1965年于上中校园。右一吴元骠、右三冯卫、右四作者、右五寿劢德。

搭饭桶还真有点难度，七八个人排成一串，每人一手搭前面的饭桶，一手搭后面的饭桶，像串螃蟹似地从灶间走到饭厅。饭桶的把手是两块窄窄的木头疙瘩，几十斤的重量全落在手指尖上，每次都让我紧张得一身冷汗。我们在学校还参加过一项工程建设，就是建造露天游泳池。学生们先在场地上铺满小石子，反复打夯，然后搅拌三合土，将小石子、黄沙、水泥堆在一起，边加水边用铁锹来回铲，再由技术工人在池中铺垫、刮平。那时，大家学习王杰烈士"一不怕苦、二不怕死"的精神，劳动时没人戴手套，手指被木夯上的粗麻绳勒出一个个水泡，水泡破了，又磨出血泡，血泡又磨破……一双手伤痕累累，真是惨不忍睹，而我们却相互炫耀，觉得很光荣。

1964年的军事训练

1964年，正是总参谋长罗瑞卿狠抓军队练兵，开展大比武的时期。暑假里，学校组织了军事夏令营，从各个班里挑选学生，我被任命为女生班的副班长。我感到了这是学校对我的培养，因为我看其他女生个个比我能干，大概是想让我多经受一些锻炼吧！我们住进了大场军营，接受空军某部为时十天的军训。

夏令营的营长是一位营级干部，参加过解放战争。他带着我们参观了战斗机，宣布我们是空军地勤民兵，使我们顿时感到重任在肩。每天，解放军战士带着我们出操，训练齐步走、正步走，只要教官不喊"立定"的命令，我们就不停地走，一直走到河浜里；苦练一百米硬功夫，明知前面的壕沟跳不过去，还是闭着眼睛往前跳，摔到近两米深的壕沟里再往上爬；拖着沉重的步枪，跌打滚爬，一身泥汗。晚上打桶凉水，从头冲到脚，再继续听空军地勤业务课。

我很珍惜这次机会，表现很努力。训练时，营长夸奖我动作勇猛就像"吃了豹子胆"，业务考试也得了一百分。但是，怎么当好副班长，我却不得要领。部队里的副班长日常管内务，行军打仗管收容，而我一听到"内务"二字脑袋就发涨。好在女生班战士们都很优秀，不用我操心，将被子、毛巾摆成一条线，拿到了营里的内务比赛第一名。我正满心欢喜，营长的命令就到了，让我们立即开会找差距。我心想，已经第一名了，还怎么找差距？我带着疑问去找营长，营长对我讲："你记住，不管做什么事情，都要做到最好！"于是，这句话成为我一生的座右铭。

军事夏令营结束后，学校掀起了练兵大热潮。我作为夏令营培养出来的骨干，做了班级里的民兵班长。民兵班按学习小组建制，每班大约有十二个人，再分成三个民兵小组，两个男生组、一个女生组，这意味着我这个女班长必须在军事训练中胜过男生。

训练中，第一关就是紧急集合，班长必须在第一时间到达集合地点，班长站立的地方，就是战士列队的地方，如果班长不到位，可想而知会是何等的尴尬。紧急集合的地点一般在大操场，而我们的教室在龙门楼三楼。为了加快下楼速度，不少男生坐在楼梯扶手上往下滑。我既没这个胆量，也没这个能耐，于是我就跳台阶，手撑在扶手上，一次可跳七八级楼梯。下了楼，再玩命似地奔一里多路，在自己班里大部分同学尚未到达之前赶到集合地点。

军事训练的内容有队列操练、刺杀动作、匍匐前进、一百米硬功夫等。学校在大操场西边的荒地里专门划出一百米长的练功场,其中有匍匐前进和走独木桥,这两项对我来说,难度不大;但后面有一张竖起的木板墙,将近两米高,是必须攀爬过去的,个儿高的男生可以一跃而过,我却要用上吃奶的力气才勉强翻得过去;最后是一条谁也跨不过去的大壕沟,我只好老老实实地跳下去,再爬上来……

在那一段时间里,学校每个星期都会搞一次夜间的紧急集合,弄得大家晚上睡觉都不踏实。每次队伍拉出去,在乡间的泥路上一跑就是十几里,最后还要冲锋。有一次冲到目的地,我回头一看,手下的兵全都跑丢了,只有我一个人站在黑洞洞的大操场上。后来,也许学校觉得老是搞虚拟的行军演习比较枯燥,就组织了一次"抓空降特务"的实战演练。按照班级分为红队、蓝队,蓝队的同学扮"特务",自己到野地里隐蔽起来,然后,红队前去搜索。我所在四班是红队,但一直搜索到演练结束,还是有一个女"特务"没有抓到。最后,那位女同学以胜利者的姿态从一块棺材板下面钻了出来。我班的一位男同学十分懊恼,说他已经踩到那块棺材板了,只觉得脚下软绵绵的,以为是死人,吓得跑开了,真没想到有这么大胆的女生。不过,我们的这些军训内容与兄弟一班比起来,那就是小巫见大巫了。

图3 1966年上海中学全景图。沈尧摄,吴元骠制作。

我看过他们的消防训练，他们能够像壁虎一样，攀附着水落管爬上楼去；还能够像燕子似的，拉着消防绳从楼顶上飞身而下，好一派飒爽英姿！

多管齐下的教育改革

从高二开始，学校不再设班主任，而是开始实行政治辅导员制度，黄志强、夏聿修、罗汉英三位老师都做过我们班的辅导员。这种制度是从大学引进的，有点像学生自治，尽量让学生干部自己处理班里的众多事务。进入高二高三后，学校在众多的课外科技小组基础上又开设了选修课，我印象比较深的有微积分大意、英文修辞、逻辑学等。

上海中学是干部子女集中的地方，华东局、市政府主要领导的子女，都有在上中就学的。1964年6月毛泽东提出无产阶级革命事业接班人的五条标准：要搞马列主义，不要搞修正主义；要为大多数人民谋利益，不为少数人，不为剥削阶级；要能团结大多数人；要有民主作风，不要"一言堂"，不搞家长作风；自己有了错误要作自我批评。那以后，社会上更加重视对干部子女的培养，学校还专门召开过干部子女座谈会。不过，上海中学并不搞"唯成分论"，1966年下半年学生大串联，有一批"成分"不太好的同学开不到红卫兵介绍信，滞留在学校。已经靠边站的叶克平校长亲自带着他们住到公社参加劳动，不愿让他们遭受委屈。

学校经常在大礼堂召开校会，对全体学生开展形势教育和思想政治教育。我还记得，叶克平校长就专门讲过教学改革与德智体全面发展。学校还组织各种专题报告，例如，请副市长刘述周（同学家长）讲国际形势，请数学家华罗庚讲如何使用数学知识为阶级斗争和生产斗争服务，请新华印刷厂老工人讲"五卅运动"，还让学校参加"四清"运动的青年教师介绍农村社会主义教育运动，等等。华罗庚在报告中强调："学习的知识要互相贯通，代数、物理、几何、三角，都要互相联系，而不是互相隔离，学得活，这是最首要的。"我记住了这句话，却没有用在学业上……

因我写过歌曲登在学校黑板报《学习报》上，所以学校在准备参加1964年"上海之春"歌咏比赛时，将一首参赛歌词交给我谱曲。那是学生会主席沈水根忆苦思甜的一首叙事诗："我们怀着无限的深情，听父兄讲那苦难的历程，这部阶级的血泪史，激起我们的热血沸腾……"正巧这时候代数课教到排列组合，老师在上面讲排列组合，我在下边排七个音符，果真排出了一组新的旋律。一时间，校园里到处都可以听到人们在唱着我谱写的歌，那优美的旋律回荡在宿舍里、小道旁，使我感到陶醉。

第二年，学校干脆将一组反帝大联唱统统交给我谱曲。这一回，我去找了一本《怎样学习作曲》的小册子，临时抱佛脚地看了一遍。我一人在家中，模仿电影里的聂耳在亭子间谱写《义勇军进行曲》的情景，排出级进的音符和变化的节奏，从轻缓到奔放，从沉重到激昂，情到深处，两臂挥动，热泪飞迸："啊——刚果河，掀起了滔滔浪，奔腾向前方。人民起来了，拿起刀和枪，赤道战鼓咚咚咚，卢蒙巴旗帜高高飘扬。刚果，我们的亲娘，为了你的独立，为了你的解放，你的儿女，英勇地战斗在四面八方……"由孙恒志同学作词、我作曲的大联唱在1965年"上海之春"比赛时得到了创作奖。

进入高二、高三以后，我担任了班里的团支部副书记兼宣

图4　钱震来练琴图，陈宗康摄影。

传委员。每年元旦，学校都会组织文艺会演，我曾经和文娱委员高伶一起编排舞蹈节目，音乐背景是我从《中国民歌选》里节选出来的蒙古族乐曲，由班里的钱震来同学作小提琴伴奏。钱震来每天在男生宿舍里练琴，还教会了许多男同学。后来，我班的小提琴齐奏也成为文艺会演时的一个亮点节目。几十年后，我才知道钱震来的父亲就是上海华东师范大学中文系的知名教授钱谷融，是他提出了"文学是人学"的观点。

"文革"中的社会实践

1966年6月，"无产阶级文化大革命"的风暴席卷全国，打乱了正常的社会秩序，上中校园也没有例外。由于我父亲李俊民批判《海瑞罢官》不力被点名打倒，我也在一夜之间变成了"黑帮子女"。有那么几天，校园里的大字报将矛头对准了我，在我的名字上用红笔画叉叉。好在我看过中华书局出版的《中国历史常识》丛书，明白我所立足之处，在浩瀚的历史长卷中只是小小的一点。在人们异样的目光注视下，我故作镇静地浏览大字报，居然发现在每一篇批判我的大字报旁边，都有一篇反批判的文章。有一篇文章的题目是《猫和老鼠的寓言》，说的是看守粮仓的猫出了差错，受到主人的惩罚；老鼠们幸灾乐祸，得意忘形，却被猫"啊呜"一口吃掉了。这篇文章使我在暗夜里看到了一丝亮光。近来，我才得知这是作家孙颙的手笔，不过当时他还只是一名初三学生。

图5 1966年9月，我班部分男生摄于天安门前。

1966年底,我家附近的康平路出了大事情,起因是张春桥代表中央"文革"小组支持上海工人造反派总司令部("工总司"),而以"保卫市委市政府"为己任的八十万上海工人赤卫队却得不到官方支持。三万余名赤卫队队员聚集到康平路市委大院讨要说法,却被十几万"工总司"造反派队员包围,结果是造反派大获全胜,赤卫队被强行解散,上海就此成为"工总司"的天下。由于大量工人离开岗位,上海的经济生产,顿时处于瘫痪或半瘫痪的状况。我得知许多同学已经主动去工厂顶岗生产,便赶紧从电话簿上抄了几家工厂的地址,一家一家地去问是否需要劳动力。问到国棉一厂,门房老师傅二话不说,将我领到筒子车间。车间里机器的轰鸣声震耳欲聋,只有一位师傅在操作,她用手势教会我如何打棉纱结头,然后就将几排机器交给了我,我上班了。一个月后,外出的工人逐渐回到工厂,市里通知学生"复课闹革命",我方才回到学校。

　　1967年初夏,我与几位同学在学校里无所事事,打算出去搞社会调查。同班的小寿提供了一条线索,说上海街头有安徽凤阳过来的乡民乞讨。为首的小卢拍板:"到最艰苦的地方去,与人民在一起。"于是,来自不同班级的小卢、小荣、小凡、小寿和我,再加上小卢和小荣的两个妹妹,一行七人动身前往安徽凤阳。一路上,我们风餐露宿,晚上就睡在铁路边废弃的候车室里。那里边像个小旅馆,水泥地上躺满了外出讨饭的农民,我们睡在他们的中间,心中感到充实和新奇:"我们终于和人民在一起了。"到凤阳后,我们首先找到县政府,县里只剩下武装部在行使领导职能。小卢递上一张他自己创立的红卫兵组织介绍信,武装部部长问我们想去县里的什么地方,我们有的说,到最艰苦的地方去,有的说,到阶级斗争最复杂的地方去。

图6 1967年7月，解放军进驻上中搞军政训练。

武装部部长对我们印象不错，便安排我们去了下边的生产队。

我们七人分别住在两个村子里，我、小荣和她的妹妹三人住在一个村。送我们去的人背着一袋面粉，据说那里的农民已经有段时间吃不到面粉了，这是县里特殊照顾给我们的口粮，是用刚收获下来的麦子磨成的。我们住的那户人家姓吴，一位大妈、三个儿女。其中两个儿子是"四清"运动中的"贫协"（贫下中农协会）骨干，穷得讨不起老婆，快三十岁了，都还打着光棍；一个小女儿年龄要比我们小些，跟我们很亲热，我们进进出出都是她陪着。

也许是我们有着太充分的思想准备，所以对那里的贫穷并没有感到惊讶。房子是土坯垒成的，房间里空无一物。床铺是

71

用树干搭成框架,再将草绳绕着树干编成网状,铺上一张草席,就可以睡人了。要说被褥,未免太奢侈,兄弟俩将两件黑棉袄让给我们当被子,他们自己就没东西盖了。当晚睡在草绳铺上,还没来得及做梦呢,满地的跳蚤就跑到我们身上来聚会了,第二天早上一看,浑身像赤豆粽子似的,又痒又痛。兄弟俩赶紧向领导汇报,公社妇女主任亲自带着卫生员来打药水,第二天晚上才好一些。还有让我们头痛的一件事,就是没有厕所。每次解手,我们都要在野地里物色一处可以避人耳目的地方,但避开了人,却避不开猪狗。那里的猪是散养的,整天在野地里跑,它们远远地嗅到粪便气味,马上以百米冲刺的速度直奔过来,真让人招架不住。

我们从当地干部那里了解到对于"讨饭"的说法:这是当地的一种习俗,已经流传好多朝代了。尽管政府每年都有补助

图7 叶克平(前左)与唐秀颖副校长(后右)在听课。

拨下来，但好多人还是要外出讨饭。"讨饭"有各种方式，最体面的是组成宣传小分队，集体出去表演节目，不但有点收入，青年男女们还可以快乐地待在一起；其次是外出打工，一般是单个的中年男子，到南方的富庶农村做帮工；最差的就是穿得破破烂烂的，跑到城里做乞丐。人们告诉我们，做乞丐做得好的，回来都能够盖新房。当地干部的正规说法称此为"外流"，是落后群众觉悟不高的表现。不过，"外流"的人也必须持有生产队的介绍信才能出去，要经过队里干部的批准。

开始一段时间，我们每天跟着大伙儿一起下田劳动。一次田间休息，只见有个妇人专找年轻的汉子嬉闹，抱着男人在田埂上打滚。我们好奇地打听这名妇人的来历，原来她是队里一名"四清"下台干部的家属。这不是在"腐蚀"革命群众吗？于是，我们围绕"四清"开始了社会调查。我们走访了"四清"运动中培养起来的新干部、"贫协"骨干、"四清"下台干部的家属，等等，展现在我们面前的是一幅各类矛盾错综复杂、各种斗争交叉起伏的社会画卷。

生产大队的干部是三位年轻人，都是当地的回乡知青，在"四清"运动中刚刚被提拔上来。其中大队长小马最为优秀，踏实苦干，公正无私，照老乡的话来讲，叫做"向理不向人"。每天下工后，小马总是不声不响地一个人在地里补活，一直做到天黑。那时，人们干集体的活不积极，究其原因，可能与"一平二调"的政策有关，如果本队有富余，必须服从统一调配，分给其他的穷队。

那里的"四清"工作队是1966年11月5日撤离的。工作队走后，"四清"下台干部们组织起造反队闹翻案，说"四清"搞错了，"四清"工作队是刘少奇派来的，要将工作队员揪回来斗，

图8　1968年，小荣（左二）与同学摄于上海市郊农场。

要把现在的大队干部拉下马，还要报复那些斗争过他们的贫协积极分子。尽管他们的造反队被县武装部宣布为反动组织，勒令解散，但我们这个村里的两名下台干部还是不服气，天天骂街。不过，用现在的眼光看他们讲的那些话，或许还是有点道理的。

一曰："我们算什么下台干部？我们是贫下中农……"这两个人，一个是原来的生产小队长，一个是小队生产委员。如果按照县处、乡科的级别排下来，这二十来户的小村官，充其量也就是个准干事罢了，确实不能用干部的标准来要求他们，衡量他们所犯的错误。但是，小村官也会有民愤，有人说，他们在台上时，比富农还要凶，我们可以想象得到那种干部作风霸道，农民群众得不到尊重的情景。

二曰："我有点错误，你们就将我一棍子打死。谁敢说我是'四类分子'，我就扇他耳光！"在当时，人们可能搞不清楚"四清"运动的政策界限，往往将"四不清"干部当作阶级敌人来看待，我们也听说这些人给斗得很厉害。一个有着用刀子砍耕牛腿嗜好的小青年是当初斗争会上的积极分子，我们和他交谈过，他得意地告诉我们，说是"四不清"干部给他斗得"不像个人样"。

三曰："'四清'处理就是不合理，不合理一天，我就不服一天，就要骂一天！"听说那个小队生产委员的罪名是"大搞资本主义，私自开荒十几亩，养鸡鸭一百余只，猪十几头"，处理结果是退赔360元现金。如果放在现在，说不定此人能评上勤劳致富的模范了。

这些原来的村干部，不但都是贫下中农成分，还大多属于村里的大姓；而"四清"运动中的贫协骨干，却有不少是外来的小姓人家。大姓欺负小姓，是农村里的一种陋习，所以，一些老实巴交的贫协骨干们此时反倒给下台干部们骂得抬不起头来了。

人们摸不清我们这些"上海红卫兵"的底细，无论哪一边的人都向我们倾诉他们的想法。那名小队生产委员的婆娘对我们说："我们家以前是新四军，你们住的那家人家是顽固派，带着反动派来抓我们……"我们一听，这问题太严重啦！回去后向吴大妈了解，原来是他们同姓宗室里曾有一人当过顽固派。大妈委屈地说："一人做事一人当，这人死都死了，关我们什么事呢？"类似此种的"混说"我们听得不少，好在哪些人滑头，

图9 学校文艺会演节目《收租院》剧照。

哪些人老实,还是可以看出点端倪的。

上海在"文革"中是领风气之先的地方,那穷乡僻壤的造反花头,我们在上海时都早已见识过了。比如,胁迫干部分种子,每人分得五斤黄豆后,还闹着要分麦种,这是搞"经济主义";凡是当权派都要打倒,生产大队也不例外,这是"无政府主义",等等。

县武装部长到公社约我们见面,我们向他汇报了在生产队里的所见所闻,认为当前的主要矛盾是"'四不清'干部闹翻案"。武装部长很赞同我们的分析,表示目前形势严峻:"现在这样乱夺权,大队干部再给打倒了,我们就没人开展工作了。""文革"前,我们在学校听过关于"四清"运动的报告,现在需要我们挺身而出,捍卫"四清"成果,稳定农村局势,我们怎能不跃跃欲试呢?于是,县武装部长向我们交代了工作任务和方针:"紧密依靠'四清'运动中培养出来的优秀青年干部,将贫协和民兵们组织起来,展开政治攻势,将'四不清'干部翻案的气焰打下去。"我们筹划了工作步骤:层层发动群众,成立以贫协和民兵为主体的革命群众组织,对抗"四不清"干部的翻案活动和造反队打倒一切的无政府行为。

我和小荣全身心地投入了战斗。夜晚,我们由吴家小妹带路,到各个村落参加大队召开的民兵、贫协会,小荣负责宣传发动,我则将写好的"评论员文章"和"红卫兵战报"发给有文化的贫协骨干们,为他们提供理论武器。当我们表明立场后,马上有仇恨的箭矢向我们射来。我们的名字被写上了土墙,不是在前面冠以"×",就是在后边缀上"地主""富农"的字样。"四清"运动有一项内容,叫"民主革命补课",重新划分阶级,抓出漏网的地主、富农。骂我们地主、富农的人大概以为这就是最严重的警告,我和小荣却并不紧张,只担心

图10 吴忠湖老师

房东吴大妈家经受不了压力，县武装部长和公社干事为此特地赶到吴家看望，表示慰问。

凤阳那年大旱，村里的水井渐渐干涸，只剩下村外的一口井里还有点泥浆水，维系着全村人的饮用。一个月后，住在另一个村的四人离开了，继续前往他们的山东老家。我们这村的三个人又坚持了半个月，直到老天爷下了一场透雨，田里抢种完山芋秧，我们才离开。回到上海后，我们曾收到凤阳县武装部部长的来信，告知当地局势已经稳定，我们听了都很高兴。其实，早在上世纪七十年代初期，国家已经对"四不清"干部的处理进行了甄别，文革结束后彻底平反。

毕业分配的档案风波

1967年底，我们1966届高三学生按照上海市的统一安排，到工矿企业劳动半年，我与一批同学去了红星造纸厂。1968年6月，我回到学校接受毕业分配。班级分配小组长宣读了对我的"'文革'表现评语"，中间夹杂着无中生有的揭发材料，还说上面盖有我父母单位的公章。"文革"后我去了解，才知道是学校造反派去我父母单位，串通那里的造反派一起炮制的。

校革会中唯一的"三结合"干部吴忠湖老师是一位新四军老战士，"文革"前担任学校党支部组织委员。他看到那些用"文革"语言堆砌的"评语"被塞进了我们的人事档案，深知干系重大。8月，他亲自送我们去崇明农场，以个人名义写下字条，放在我们档案的首页，申明这些"评语"属于派性材料。1969年1月，在农场军宣队领导的"清队"运动中，我和同一个连队的三位上中同学被关进了场部"牛棚"，其他连队几位同学反应比较快，刚遭到批斗就迅速逃离农场,跑回学校求救,我同班同学冯卫也找吴忠湖老师反映了情况。

一段时间后,农场将我们转回连队。某天我在建造宿舍的工地上做小工,不料石灰浆溅进了我的双眼,我急忙奔到小河边,捧起河水往眼睛里泼,保住了瞳孔。连队卫生员杨步秀把药柜里所有的生理盐水都倒进了我的眼睛,仍然无法冲去我眼膜上密密麻麻的石灰粒。于是,她用劳动车将我拉到七八里路以外的场部医院,一位年轻的医生拿块纱布将我眼睛封了起来,叫我回连队"观察"。晚上我独自坐在床上发呆,没有人来问候一声,因为我是"清队"对象,谁都不愿惹这个麻烦。一位老职工看不下去了,骂道:"出了工伤都没人管,你就瞎给他们看!"一句话惊醒了我,我想:我不能瞎,我这辈子的生活还没有开始呢,我必须回上海医治!第二天早晨,我向连部里的一位崇

图11 1968届学生与工宣队队员(前左二者和后左三者)合影。

图12 1997年10月，叶校长与当年党支部、团委老师合影。右一为1965届校友秦绍德。

明本地干部请假，扯开纱布给他看肿得像红桃般的眼睛，见他不敢吭声，便转身到连队后勤班打听如何到镇上乘车去船码头。烧锅炉的沈剑豪也是一位老职工，他自告奋勇用自行车驮我去十里开外的牛棚镇。其实他并不会骑车带人，半路上为了避让迎面开来的大卡车，两人连人带车摔进了路边的泥沟里……

我们毕业分配后，工宣队进驻学校，掌握了学校运动的领导权。我到学校找工宣队，工宣队队长名叫章士明，接待我的是钱荣宝师傅。钱师傅鼓励我要经得起挫折，千万不要就此消沉。1969年5月，吴忠湖、钱荣宝来到农场要求收回派性材料，农场说只能调换不能收回，他们只好重新写了鉴定意见交给农场。那时，我已经跟着难友小陈去了她父亲的家乡——江西省永新县。乡亲们热情欢迎老红军的女伢回乡,村里的长老对我们说,你俩放心,就是没有户口,我们也保你们有饭吃,有衣穿。我们在大山深处待了将近两个月,直到听说上海市革委会领导批评了农场整学生的现象,才返回上海。

1970年,上海中学被撤销,改为"上海市五七京剧训练班",三百亩的校园让给了三十几名小学员。学校工宣队离校之前,又一次派人来到农场,说根据北大经验,销毁派性材料不留尾巴,不应该再有另外的鉴定,所以前来收回。同时,他们当场销毁了其他同学档案中的派性材料。我还记得两位师傅冒着大雨前来与我们告别,他们兴奋地说:"到今天为止,你们农场的上中学生已经没有任何一份学校转来的材料了。"

上海中学在她最艰难的时刻,保护了她的莘莘学子,将我们完整地交给了社会。

1977年始,国家恢复高考,我们这些"老高三"大多走进了高等学府的课堂(我本人就读于上海财经学院夜校部),成长为各自行业中的骨干力量。1978年,上海中学复校,六十六岁的老校长叶克平复出。1984年,上海市政府隆重举行名誉校长任命仪式,叶克平被授予上海中学名誉校长证书。

(照片由吴元骠、叶澍、葛德胜、周铨、孔康英、李力健、陈宗康等提供。)

我的师范生活

赵庆国

1977年,我在北京延庆县(今延庆区)白河堡小学任代课教师。记得应该是9月份,中央公布了恢复高考的通知,这一消息迅速在全国引起了巨大反响。是啊,"文革"十年,高考已经在社会生活中逐步被人们忘却了,取而代之的是各单位推荐上大学。在当时的政治背景下,我们这些"地富"子女,哪里敢想有被推荐上大学的机会啊!听到这一消息,我有点坐不住了,我想我们是不是也可以报名啊!当时我联系了几个要好的同学还有在我们村插队的知青,一是密切关注高考的具体信息,二是开始找复习教材,一旦允许报名,我们一定要试一把。

果然时间不长,高考的具体方案下来了,只要具备高中学历,三十五岁以下的青年都可以报考,而且取消政治审查,一律凭考试成绩录取。这让我们几个小伙伴欢欣鼓舞,我们都顺利地报上了名。

记得那年是11月份考试,报名距离考试只有短短的两个月时间。我们上学期间,正赶上十年"文革",虽然是高中毕业,但可以说就没有学到什么文化知识。第一次参加高考,也不知道考什么,也没有什么复习资料,一切都是懵懵懂懂,不明所以。好在我平时还算注意学习，在学校读书期间也算是好学生，经过近两个月的准备和拼搏，终于在1978年3月，收到了延庆县师范学校的录取通知。这件事在我们小小的白河堡公社引起了不小的轰动，当时白河堡公社参加高考的有一百多人，收到大学和中专录取通知的也就是三五个人，本地人只有我一个，其他的都是北京来的插队知青。记得我报到那天是1978年4月17日，我搭乘着同学焦明忠的拖拉机到的延庆县城，从此开始了我为期两年的师范生活。

我们这一届共招生八十多人，分为文理科两个班。我们文科班共有来自全县各公社的三十九名同学，其中男生十五名，女生二十四名，我们的班主任是谢绥东老师。谢老师是"文革"前从北京师范学院毕业的老大学生，调入师范学校前一直在赵

图1 1979年6月，延庆师范学校1979届文科班毕业合影。

庄中学教书。谢老师是湖南人，一口湖南腔，他学识渊博，为人和蔼，工作极为认真，可以说是我们人生的引路人。直到现在，我依然同谢老师保持着联系，我和我爱人每年春节后都去看望他们老两口。谢老师今年已经八十五岁了，依然精神矍铄，身体健康。

  从1978年入学到现在已经四十多个年头了，我们这些人都已经是退休的老人了，但每当回忆起当时的师范生活还历历在目。我们是恢复高考后的第一届师范生，有了这么一个重新学习的机会，我们感到太幸运了。当时我们的学习热情特别高涨，可以说是如饥似渴，废寝忘食。白天课程满满的，晚上还有晚自习，我们都是晚自习下课铃声响了，值勤的老师来催促才回宿舍休息。有时熄灯铃响了以后，有的同学还在被窝里面悄悄打着手电筒看书复习。我们几个家在山区的同学，星期天基本上不回家，和平时一样孜孜不倦地学习。在师范读书的两年，我们很少去县城逛街，不是在教室就是在宿舍，学习成了我们生活的全部。

  当时课程安排得非常紧，我们虽然是中等师范，但开设的课程是按照高等师范专科学校的课程设置的。我们当时所学课程有古代汉语、现代汉语、古代文学、现代文学，写作课，历史课，政治课，中小学教材教法等十多门。老师也是从全县各学校抽调来的骨干教师，基本上都是五六十年代毕业的老大学生。我记得当时教我们古代文学的前后有三位老师，开始是宁致远老师，中间的一位是崔永祯老师，再后来是刘启增老师。这三位老师后来都调回了北京，宁致远老师调回了中国政法大学，刘启增老师调到北京一中，刘老师后来还当了一中的副校长，我调来北京后，还曾看望过宁老师和刘老师。当时教我们现代文学的是钱硕文老师，他是最早一批分配到延庆的老大学生，我记得好像是1959年到的延庆。这位老师给我的印象最深,他一米八以上的大个子,留着当时流行的飞机头,脸上不是很平整,有些疙疙瘩瘩,烟瘾极大,但他的课讲得非常好,是我喜欢的课程之一。教我们历史课的是徐红年老师,他是河北师范学院毕业的老大学生,他的历史课引经据典,一板一眼,深入浅出,学生们都喜欢听。我之所以毕业后当了几年的历史老师,应该说很大程度上受到了徐老师的影响。徐红年老师后来调到了县委党校,还当了很长时间的副校长,退休后仍笔耕不辍,撰写了《延庆人民革命史》等不少作品。没想到在他七十多岁时因心肌梗死而猝然离世,令人扼腕叹息。

延庆师范是由北京第三工读学校改建的,条件很一般,几乎没有什么楼房。学生宿舍也是大通铺,开始我们十五个男生还分两个宿舍,第二年招生量大了,我们两个宿舍合为一个,这下更热闹了。两年间,我们在一起学习,一个宿舍住宿,一个食堂吃饭,真正是团结、紧张、严肃、活泼。有几个喜欢说笑话的同学整天笑话连篇,逗得大家前仰后合,捧腹大笑。十五个男生挤在一个大宿舍里,虽然拥挤,但我们过得还是蛮开心的。

时间过得真快啊!转眼间到了1979年6月,因为全县各校教师短缺,县教育局决定让我们提前毕业,以实习的名义充实到各中学一线岗位,所以就有了这张提前了的毕业照(图1),中二排坐的是县教育局的领导和部分老师,右五、右四、右三依次为教育局长赵振东,副局长刘浩存、邢启光。左五是师范学校校长孔祥松,左四是教务长赵中令,左三是钱硕文老师,左二是教我们古代文学的崔永祯老师,右一是徐红年老师,三排右四是我们班主任谢绥东老师。另外还有我们文科班的几个班委成员:四排右一为班长李长友,五排右四为学习委员王树荣，四排左三为文体委员孟昭旭，三排左五为生活委员卢志鑫，四排左六为团支部书记徐凤翔，左五为作者。

学校为了丰富我们的课余生活，那年秋天还组织我们去了趟八达岭长城。图2是我们在八达岭城楼下的纪念照，钱硕文、谢绥东、徐红年、崔永祯老师都参加了这次活动，后排左五为本人。图3是我和卢志鑫同学在长城上的合影。望着这几张四十多年前的老照片，心潮澎湃，感慨万千。我们是1980年1月份离校的，5月份发的毕业证书。目前我们文科班的同学们都已经退休，有两个男同学王玉光和王亮十多年前就去世了。我们男同学大部分都转到了其他行业，有五六个同学当上了县里部委办局的领导干部，徐凤翔同学还当上了副县长，李长友后来调到了中纪委工作，退休时是中纪委的正局级干部。女同学大都是从教师岗位上退休的，也有的同学毕业后再也没有见过面。我毕业后分配到了香营中学，1983年考上了北京师范学院分院继续学习深造，毕业后分配到了县教育局工作，之后又

图2　1979年秋，师生游览八达岭长城合影。

图3 1979年秋，我和卢志鑫（右）同学在长城上。

调到县委组织部。1990年全国实行公务员制度试点，我考到了监察部，后监察部与中纪委合署办公，我又到了中纪委干部室。1998年中央成立金融工作委员会，又把我调到了金融工委组织部。2003年金融工委被撤销，组织上又把我安排到了中国证监会，这一干就是十五个年头，直到2018年从证监会巡视办主任岗位上退休。

人是越老越怀念过去的日子。近几年来我们这帮老同学每年到了4月17日这一天都组织聚会，多的时候能来二十多人。大家在一起聊天叙旧，有说不完的话，有述不尽的情，但愿我们文科班能够永远聚会下去，延庆师范的记忆永远铭刻在我们心中。

我与抗战老兵尤广才的忘年交

晏 欢

2007年秋,我与尤广才老人相识于成都。未曾料想,素昧平生的我们,其实已有一段长达半个多世纪的家族情缘。在外公潘裕昆将军那本早已泛黄的老相册里,有尤广才此生最为珍贵的一张结婚照,照片的背面工整地写着:"敬献昆公军长、潘夫人,职尤广才、杜文镜拜"。

与尤广才老人相遇并成为忘年交,别人听来极具戏剧性,而我坚信,其实是冥冥中我外公在天之灵的指引。

2007年9月1日,我在成都机场第一次见到我从未谋面但已经电话交谈过的尤广才老人。接下来的三天行程,彻底改变了尤广才的个人世界,唤醒了他沉睡半个世纪的心扉……

9月2日晚,在完全出乎预料的情形中,晚餐中的尤老面前呈现了一个巨大的生日蛋糕,耳边响起了生日歌的乐曲,十几位刚刚相识的广州市民、抗日将领后代、黄埔后代们围坐在一起,为八十八岁的尤老祝贺生日。面对眼前的场面,尤老激动的泪水夺眶而出,这一切来得太突然了。尤老原以为这次来成都仅仅是与我相见并参观建川抗战博物馆的,而我在给他订机票时留意到了他身份证上的一组数字:19190903。

第二天,尤广才八十八岁生辰日,适逢抗战胜利纪念日,在传媒的摄像机镜头前,樊建川馆长恭敬地邀请抗战老兵尤广才先生将他的手印永远留在了建川博物馆抗战老兵手印广场上,伴随手印留下的个人信息是:尤广才,中国驻印军新一军第五十师特务连上尉连长。尤老在仪式结束后热泪不断,哽咽着说:"后代子孙都不能忘记……"这次令人难忘的活动,事后仅仅在黄埔军校网和成都地方报纸上被报道,尤老和我都不曾想到,接下来的一年里,众多主流媒体包括电视、报纸杂志纷纷将目光聚焦这位健在的远征军老兵身上,尤广才的名字迅速被关注远征军抗战史的人们熟知。历史本应给予的殊荣,并不

 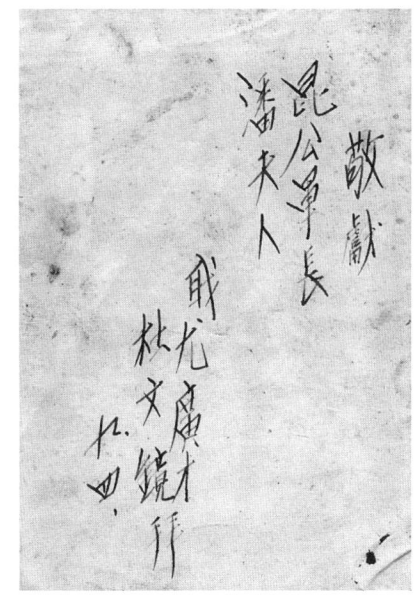

图1 尤广才夫妇赠给我外公外婆的新婚照。1948年摄于沈阳。

会因为它的姗姗来迟而褪去光彩，反而会日渐光亮。

尤广才的名字和电话，是由世伯卫道然一个月前转给我的。在北京的一次"七七事变"七十周年座谈会上，前驻印军五十师特务连连长尤广才在讲述自己印缅抗战经历时多次提及师长潘裕昆将军，遂引起了座中卫立煌将军幼子的注意（因卫、潘两家多有交情），卫大伯会后便主动与尤广才相识……就这样，冥冥中正是我的外公、中国驻印军新一军第五十师师长潘裕昆将军把我和尤老召唤到一起。记得当年在成都的宾馆里，尤老一见面就迫不及待地给我展示了一沓沓他写的回忆录手稿。

11月间，我邀请尤老南下广西，在当年新一军归国的集结地南宁，与东北一别五十九年的老战友张永龄重逢。两人相见之下，恍如隔世，紧紧拥抱，失声痛哭……这是我与尤老交往

图2 2007年9月1日，笔者在成都的酒店里与尤老合影。

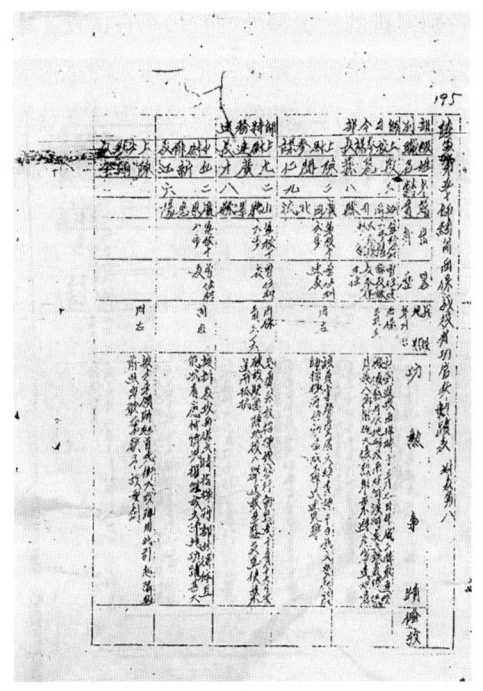

图3 尤老立功受奖的档案

中目睹的最感人肺腑、心灵震撼的场面,我就站在两位老人身边,与他们一起流泪。

就在南宁的那个夜晚,我和尤老同住一间酒店客房里,我亲手将尤老赠与我外公外婆的那张结婚照原件交到他手中。

说到这张照片,我虽然之前也反复端详过,但终因不知这位名叫尤广才的年轻军官的身份背景,而未特别留意。直到与尤老联系上以后,听他说起与外公的特殊关系,才对这张照片刮目相待了。尤老先生说,他当年和潘师长关系很好,师长对他也颇为关照,身为上尉连长的他,在缅甸负伤后曾获得师长特别安排的一份额外的校级军官伙食。能将自己的结婚照越了好多级送给师长留念,足见两人的感情非同一般。尤老将这张自己半个多世纪前的婚纱照视为珍贵礼物,因为他自己的那一张早已荡然无存,但他做梦也没想到人世间还有一幅一模一样的原件,这么多年后竟然还回到手中。

最令尤广才欣慰无比的,莫过于他当年在缅甸抗日战场立功受奖文件的发现。这是直接唤起尤老荣誉感的一份历史文件,由我父亲在南京中国第二历史档案馆中发现的。我把这个惊喜第一时间传递给了尤老,尤老全家将其描述为"喜事一桩"。这份文件不仅印证了尤老的印缅征战岁月,还是他抗日战场杀

图4 神父背后脸朝镜头者为特务连上尉连长尤广才。

敌立功的历史记录。

之后，凡是有媒体想采访远征军老兵问我要名单，我总要提到现居北京的尤广才。接下来的两三年中，尤老相继在凤凰卫视、阳光卫视、中央电视台、北京电视台、新浪视频的节目中出镜亮相，《三联生活周刊》还给他做了专访，多份报纸对他进行过报道。云南远征军追忆行、重访香江、新浪远征军访谈等活动我都和尤老站在一起。更令人惊叹不已的是，我还鬼使神差般地帮尤老联系上了他六十多年前在远征军第五十四军的老战友——台湾退役将领曹英哲。每次说到我们间的情谊是"忘年交"时，尤老听了都是会心一笑。

2010年，我和同事们在美国国家档案馆收集中缅印战区抗战照片，第一天便找到了五十师西保战役的一批照片，这些场景和前几年尤老在各种场合对战役的描述完全吻合。在一张五十师官兵集体照中（图4），尤广才很轻易地发现了自己的身影，这是首张尤老的印缅抗战照片现身。后来这张照片在深圳举办的大型图片展览"《国家记忆》——美国国家档案馆二战中缅印战场影像解密"中展出，策展方还特意注明，那位站立在师长潘裕昆少将背后的年轻军官名叫尤广才！

2019年7月2日，这位抗战老兵溘然长逝，享年一百岁。

老照片和书信见证赤子心

谭安利

1960年我高中毕业,正值极左盛行,高考前进行政审,按照家庭出身秘密将学生划为四类,依次为录取重点本科、一般本科、大专和不予录取。我被划为第三类,高考成绩好也只能录取到三类院校——筹建中的湖南农业机械化学院,在湖南大学机械系代培。同班同学李国杰和我同年同月出生,我俩入学时十七岁,是班上年龄最小的,志趣相投。他高考平均成绩91.6分(100分制),因父亲是"右派"被划为第三类。我们虽然没有进入理想的大学,但欣然"服从祖国需要",下决心刻苦学习,为实现农业机械化贡献力量。我十八岁生日那天,特地到照相馆拍了一张照片留念,并豪情满怀地题字"我是新世界的公民"(图1)。

图1 1961年5月,笔者十八周岁生日摄于长沙。

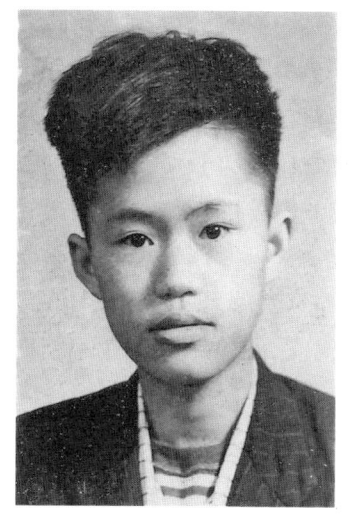 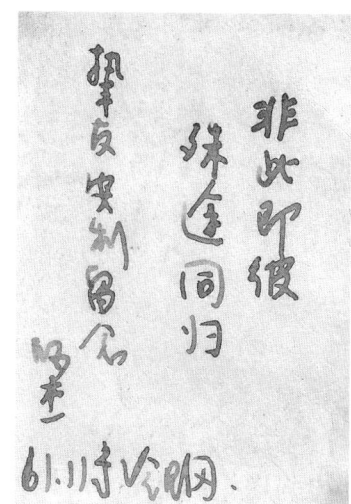

图 2　1961年，李国杰回赠笔者的照片。

李国杰后来送给我一张也是十八岁时拍的照片，在背面题字："非此即彼，殊途同归——挚友安利留念"（图2）。

一年后，国家实行"调整"方针，湖南农机学院停办，师生并入湖南大学，但湖大当时以不符合"二类院校政审条件"为由不同意接收，我们被"扫地出门"。所幸得到湖南农机学院的主管机关湖南省农业机械工业局的关照，大多数同学被分配到国营企业工作。分别前，全班同学在岳麓山合影留念（图3）。

1961年8月，李国杰等三人被分配到冷水江钢铁厂，我和另外九名同学被分配到衡阳建湘机械厂工作（图4）。

我和李国杰从湖大分手后，始终保持书信联系，在逆境中互相勉励，成为挚友。之后，我们经历了跌宕起伏的人生之路，始终坚守信念，常怀赤子之心，我们的真挚友谊延续了半个多世纪。

1961年9月3日，他从冷水江来信说："安利，我同意你的看法，走弯路不是失败，有志者事竟成。摆在我们面前的道路是坎坷不平的，只有勇敢的、意志坚强的人才能走完这一崎岖的道路。安利好友，让我们互相鼓励、督促，携手前进。在此我把屈原的一句话送给你：'路漫漫其修远兮，吾将上下而求索。'也让它作为生活的鞭子。我们在学校里并没有倾心交谈过，但共同的志趣把我们连在一起。我想：对于我们的友谊，'时间和距离是没有意义的'。让我们的书信成为心灵的纽带吧！"

1962年1月17日他从冷水江来信说："正如你说的，要想在科学技术上有新造就，首先要成为一个共产主义者，我也

图3 1961年7月，湖南大学机械系机制1960级7班学生离校前合影。第二排右五为李国杰，右六为笔者。

图4 1963年10月,同时被分配到衡阳建湘机械厂工作的同学合影留念。前排左起依次为:杨德一、黄毅、笔者、张光文;后排左起依次为:周静安、魏书诚、彭全民、翁高智、范文光。

努力培养自己成为一个坚定的革命者……'命运'在摆布我们,我们要不变为命运的奴隶,就要做一番努力和斗争,要按自己意志去塑造自己,因此,重要的是有没有理想和毅力,只要我们有理想,有毅力,无论朝哪一方进军,都会胜利的……'理想在现实中扎根'是至理,我想我们今后应多做实际工作,在实践中磨练自己,志向像刀子一样,不磨练是不会锋利的。我明白我们不是那种只说漂亮话的人,我们的工作是踏实的,但愿我们的工作越干越出色。利,我们是处在一个由自在变成自为的时代,比起前辈来,我们更容易实现自己的理想,让我俩在通向真理,通向共产主义的大路上携手前进吧……我们这个机务段被评为全厂的先进集体,这是全段的光荣,也有我的一份光荣,我争取1962年做一个先进生产者。"

李国杰1962年再次参加高考,赶上了"分数面前人人平等"的高考录取政策(两年后又被"阶级斗争为纲"取代),有幸被北京大学录取。他特别珍惜在北大读书的机会,刻苦学习到了废寝忘食的程度,六年只回过两次家,中午从不午睡,是在报纸杂志阅览室度过的,生活更是十分简朴。

1963年7月,我向工厂领导书面提出申请参加高考,经体检合格领取了准考证,并将"政治情况登记表"带回厂里。厂领导以"因为工作需要,不同意介绍报考"拒绝了我,并把准考证退回衡阳考区办事处。办事处的负责人说,在职人员参加

图5 1962年初,李国杰(上排左三)与所在机务段的工友们手持冷水江钢铁厂先进集体奖状在火车头前合影。

图6 1962年,李国杰摄于北京大学校门前。

高考必须缴交所在单位介绍信和政审表,否则,就是考了也要将试卷作废。我的"大学梦"无奈再一次破灭!李国杰得知情况后于7月20日给我回信说:"摆在你我面前的问题是如何对待前途、理想、抱负。我们这一代年轻人,比以往历代志士不同,与杜甫、司马迁不同,与严复、孙中山不同,与鲁迅的时代也大不相同,这就是今天有党和毛主席领导!今天的奋斗必须是大众的集体的奋斗,再步历代名人的后尘就有不识时宜之嫌,俗云'识时务者为俊杰',这是多么朴素的哲理!……在碰到如此挫折之后,应更好地决定自己的道路,绝不可因此消沉,丧失朝气,或迁怒于谁。"

于是,我面对现实,下定决心安心做好本职工作,学习雷锋,无怨无悔地"做一颗永不生锈的螺丝钉"。

图7 1962年，李国杰在天安门前留影。

  由于我的工作成绩突出，从1964年起，工厂每年派我到北京参加全国生产供应会议，有机会到北大与李国杰见面，更增加了相互的了解，增进了友谊。

  1965年3月27日，李国杰从北京大学给我来信："安利好友：明天我们就去十三陵劳动，大概是上山种树，劳动三星期。……今天不想多写，只求你帮一点忙，最近家里经济突然发生困难，而我从上（学）期起已放弃了助学金，所以我一时发生了'经济危机'，这个月伙食费还差几元，为这几元向国家申请助学金也没有必要。我想你若手头有些零钱请寄三元给我。有言在先，只要三元，多了我就退给你。而且你若有困难也请坦率地拒绝，我可另想办法。说真的，对于生活上的事，本来我很少考虑，但这次是逼到我头上了只好过问一下。我估计下个月以后情况会恢复正常了。我想我不必讲什么客气话了,你有就寄三元来,没有就写信告诉我。"

李国杰当年宁可自己节衣缩食,也不向国家伸手要助学金,真是难能可贵。我有次去北大见他穿的解放鞋补了又补,买了一双新的给他,他这才把旧鞋扔掉。忧国忧民、淡泊名利、艰苦奋斗、乐于奉献的人生观,青年时代就已扎根于他的灵魂。

1965年6月20日,他给我来信:

图8 1964年5月,笔者和李国杰(右)摄于北京颐和园。

图9 1970年11月，笔者、李国杰（右）在衡阳建湘机械厂大门口留影。

"安利好友：我们分别不觉又快两个月了，这两个月情况怎样？我决定暑假回家，主要目的是做点社会调查，回家后我不打算在家里待着，一定要设法到农村去，参加一些劳动，了解一些情况。目前越南局势仍很紧张，如果暑假期间形势有很大变化，我们有新的任务，我也就不回来了。

"我们在北京的几次会面，使我得到不少东西，我老被关在院墙内，你的谈话仿佛是吹进来一阵阵清新的风，使我眼界宽了许多。好友，我们有许多共同的地方，这不因处所不同而消失，我们不背什么包袱，以国家为重，我们都信仰'生活向下主义'，希望我们在不同的战线都有所发现，有所发明，有所创造，有所前进。"

1968年6月，中共中央、国务院、中央军委、中央文革发出《关于1967年大专院校毕业生分配问题的通知》《关于分配一部分大专院校毕业生到解放军农场去锻炼的通知》，要求：大专院校毕业生分配，必须坚持面向农村，面向边疆，面向工矿，面向基层，与工农群众相结合的方针；要彻底改变知识分子脱离劳动、脱离实际、脱离群众的状况，彻底打破大专毕业生一出校门只能当干部，不能当工人、农民的旧制度。

李国杰1968年从北大毕业后到贵州军垦农场劳动。1970年被分配到贵州晶体管厂，1973年调邵阳市无线电厂。"文革"后实行恢复高考、招收研究生的政策，李国杰1978年考入中国科技大学读研究生，1981年获工学硕士学位后，享受全额奖学金赴美国留学。

李国杰赴美留学期间同样十分刻苦，并且学有所成。1985年获美国普渡大学博士学位。1985—1986年间在美国伊利诺依大学CSL实验室工作。1985年1月5日，他从美国寄给我的信中说："各学术刊物的投稿，甚至申请几十万的科研经费，有关主管部门直接寄给我审阅或阅批。美国一般没有专门的机构审批科研经费，都是由本行业当前活跃的某些权威人士审批经费，没想到把我也算上了。……我花的精力也确实相当之多，别的不说，我这视力一直1.5的眼睛到美国这三年居然成了近视眼。"

1987年，他胸怀"让自己的国家能够变得更好一点"的

图10 1981年，李国杰摄于美国普渡大学。

图11 1985年，李国杰获美国普渡大学博士学位。

图 12 1985年，李国杰、张蒂华夫妇摄于美国普渡大学的办公室。

家国情怀，放弃在美国的优厚条件毅然回国，回国时给他升两级工资每月才一百二十多元，还不如妻子在美国端盘子一天的收入，他却初心不改，无怨无悔。他回国后主要从事计算机体系结构、并行算法、人工智能等方面的研究。他担任中国科学院计算技术研究所所长，以"人生能有几回搏"的自信心，主持研制成功曙光系列超级服务器和高效能计算机，领导计算所研制成功龙芯高性能通用CPU，成为国际一流成就卓著的科学家。他是中国工程院院士，为第九届、十届全国人大代表，中共十七大代表。他担任上市公司中科曙光的董事长，却不拿一分钱股份，领取的年薪不足公司其他高管人均收入的五分之一。他一贯廉洁奉公、艰苦朴素的品格，绝不是偶然的。

2010年，我决定将半个世纪以来的同窗好友书信编辑出

图13 2010年1月3日，笔者在中国科学院计算技术研究所拜会老同学李国杰（左）。

版《岁月印痕——五十年书信同窗情谊深》一书，得到老同学们的赞同和支持。李国杰2010年9月6日给我发邮件说："收到你发来的书信稿，晚上浏览一遍自己几十年前写的信，不禁感慨万千。真难为你这么细心，保留所有我写给你的信。我想这是我们那一代人的真实记录，发表出来不是为了为自己立传，而是告诉后来人，'40后'这一代人是怎么走过来的。我会认真检查，看有没有会伤到别人的字句，提出我的意见供你参考。"他在百忙中认真仔细校阅书稿，并为本书写了精彩的序言，他还主动给我汇款，承担图书出版费用，令我非常敬佩和感激。

人生况味

谁知红颜是须眉

潘志豪

近日,读上海师范大学历史系教授虞云国的《敬畏历史》,其中有一段平常的文字:"(1976年11月)我写了一篇杂文……文章投到《文汇报》,报社下旬就寄来清样,准备刊用,但按当时惯例,必须要单位盖公章,证明作者清白,表态同意发表。"这让我心潮翻腾,不可自已,因为我也有同样的经历,却演变成一段冒名顶替的历史,说来真让人啼笑皆非。

我在少年时期就爱舞文弄墨,进入青年时代更是一发而不可收(图1),居然不知天高地厚地向报刊投稿了。记得我第一次投稿是在1964年,当时京城一家报纸正对一部文学作品进行热烈地讨论,我也被撩拨得技痒难忍,就连夜写出了一篇千字文。我原来傻乎乎地以为,投稿就是把稿件装进信封,写上报社的地址和名称,然后投入邮箱就可以了——当然,对我来说,最要紧的是剪掉信封的一个角,这样就无须贴上邮票,可以省下八分钱。要知道当时两毛钱就能看一场电影啊!

稿件寄走后,半个月毫无消息,我也渐渐把它忘记了。一天,我刚上班,就被通知到厂部接受领导的询问。我忐忑不安地走进办公室,一位厂领导劈头就问我:你是否给北京的报纸寄去

图1 当年我是一名富于幻想的文学青年。

图2 我曾是一名重机枪手。

文章了？里面写些什么？我赶紧老老实实地把文章内容叙述一遍。领导的脸色由阴转晴了，他笑眯眯地告诉我：那家报纸给厂领导寄来了一封公函，一是表示准备刊用那篇稿件，二是请厂领导盖章同意刊登……

不久，我的那篇处女作发表了，该报寄来的稿费恰恰等于我月工资的五分之一。当时我正和同厂的女友热恋。出于炫耀的心理，我故意在星期天和女友一起去邮局领取稿费，然后看电影、上饭馆、吃零食，把稿费全部花完了。在当晚回家的路上，我等待着女友对我的赞美和鼓励，可是，女友只在分手时委婉地说了句："写文章，千万要当心呀！"

确实，在当时的政治气候下，写文章是一件高风险作业，谁都知道"宁可跌在屎上，不要跌在纸上"，但是，我却依旧

图3 1969年,我和女友在没有宴席、没有婚纱的冷冷清清中缔结良缘。

乐此不疲。随着几篇文章陆续地刊登,我犹如一个不知利害的航行者,聆听着希腊神话中女妖塞壬的歌声,受到了致命的诱惑。

不久,"文化大革命"拉开了序幕。由于我发表过几篇微不足道的文章,便有人写大字报斥责我是"黑秀才""资产阶级的孝子贤孙"……幸亏我曾在福建前线当过兵,扛过郭留诺夫重机枪(图2);而且我的作品都发表在外地的报刊,他们根本无法找到白纸黑字的"罪证",最后失去了耐心,只能不了了之。

严酷的现实是最好的清醒剂。经过这次打击,我赶紧收拾起文学梦,一心一意"抓革命,促生产"。多蒙女友不离不弃,于是我们结婚成家(图3),生儿育女……

终于,"十年一觉神州梦"结束了。历经浩劫和禁锢之后,文学创作开始呈现复苏的转机。尤其是1978年,各地的文学刊物纷纷复刊,让人目不暇接。如此葱茏的文场,逗引得我不禁重搦秃笔,又开始"爬格子"了。针对当时文坛不敢涉猎爱情禁区的怪现状,我写了一篇两千余字的文艺随笔《无情未必真豪杰》。由于写来得心应手,我有几分得意,更有几分期待。

然而,我写此文不过花了几个小时,却在署名上颇费踌躇,整天苦思焦虑还是毫无结果。

因为我在十几年前就已经深知,发表作品可能是要经过单位审查同意的。我很清楚,署自己的真名实姓是万万使不得的。在那些靠造反起家的头头看来,我是个不入正册的人。记得有一次,我和同事们乘厂车准备穿越当时上海唯一的黄浦江隧道。谁知在隧道口,一名头头(后被清除出党)竟硬要赶我下车,据说是怕我"身上说不定会暗藏定时炸弹破坏如此伟大的工程"云云。幸而由于一位姓许的老党员的坚决反对,那名头头才"回首垂怜""法外开恩",使我有幸一睹隧道的宏伟。想想吧,穿越隧道尚且犹如"骆驼穿针眼"那样艰难,如果让他们"同意"我的名字和文章用铅字印刷出来,不是太痴心妄想了吗?

冰冷的失望几乎冻僵了意志,我甚至打算把那篇刚杀青的文章丢进煤炉,为它举行火葬……

见我六神无主,坐在一旁为儿女打毛衣的妻子却不以为然,她淡淡地说出了一个非同寻常的主意:你的文章署我的姓名,不就没有麻烦了吗?

对这个冒名顶替的主意,我很犹豫:如果连自己的姓名都弄虚作假,以后谁还会相信你呢?

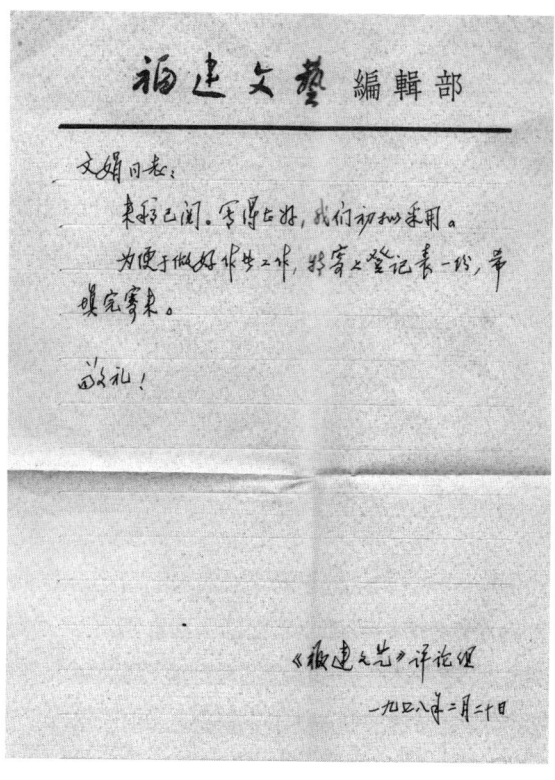

图4 《福建文艺》编辑的来信虽然是写给我妻子的,但依然使我衷肠炽热。四十多年来,我一直将它珍藏在书柜里。

    妻子继续为我打气:"你骗人又不是去做坏事,何况这是他们逼你这样做的。"

    我忽然想起了鲁迅。迅师是中国文人的楷模,可是他老人家就骗过人。在去世前他还写过一篇文章,题目就叫《我要骗人》,他还明白无误地指出:使用欺骗的手段,对于压迫者是道德的。

111

我有点陌生地望着妻子——想不到这个化工工程师一出手就轻松地解决了我的天大难题。

于是，以妻子的名义，我把这篇稿子投寄给《福建文艺》，并要求在发表时使用笔名——"肖盼"（隐含小潘之意）。

《福建文艺》的编辑处理稿件颇为及时，很快就来信表示"写得甚好，我们初拟采用"（图4），并热情地寄来表格，请妻子填写。

大概一个多月后，领导忽然把妻子叫去："你给《福建文艺》写了篇文章？"

妻子笑脸相对："是的。"

"只听说你丈夫会写文章，你——也会写文章？"领导狐疑地问。

"怎么，不相信？门缝里看人，真是！"妻子像蒙受天大冤屈似的柳眉倒竖，杏眼圆睁。

狐疑归狐疑，但我妻子毕竟在政治上清白得像"和尚的光头——抓不到半点辫子"，领导只好盖上"同意发表"的朱红大印了。

经过这番折腾，文章终于在1978年第2期《福建文艺》上问世了。我望着散发出油墨香味的刊物上的"肖盼"署名，真是别有一番滋味在心头。

在1978年至1979年的一年多里，我们如法炮制，接连不断地在《人民电影》《北京文艺》《江苏文艺》《长江文艺》《延河》《北方文学》《上海文学》等刊物上共发表了九篇以"肖盼"署名的小说和评论。

不料《人民电影》（后改回原名《大众电影》）1978年第5期发表拙作时，为了鼓励工农兵作者特别是女性作者踊跃投稿，

图5 作者（前左一）担任东方电视台编导期间，在南京路拍摄关于上海市民巡访团的专题片。

竟将我妻子的芳名和所在单位捅了出来。哇，这下可有好戏看了。很快，妻子收到了全国各地的读者来信，有的要和作者"交流写作经验"，有的表示爱慕之情；有一位甚至准备立即动身，带上该地名闻中外的土产专程来沪拜访……

更令人不安的是，有的刊物在发表拙作时，还专门来信，勉励"作者"："努力写作，因为目前女性作者太少了。"

对这些读者和编者，我确实不胜歉疚，却又不敢明言相告。直到现在，他们恐怕还蒙在鼓里，哪里知道：须眉无奈称红颜，玉女原来是金童！

在中共十一届三中全会以后的1979年，一位文友告诉我：今后发表文章再也不必单位加盖公章了。既为了纪念这段不寻常的经历，也出于投石问路的心理，我特意写了一对冒名顶替者的故事，并用自己的真实姓名向《长春》文学月刊投寄了小说《涅槃的凤凰》。当然，小说中的一对冒名顶替者并非是夫妻关系，而是父女关系。果然该文很快就在《长春》1979年第12期发表了，而且颇受读者好评。我拿到样刊时，再三看着"潘志豪"的署名，百感交集，额手称庆……

从此，我在自己作品上终于可以堂堂正正地"坐不改姓，行不改名"，署上自己的姓名了。不言而喻，那个女作者"肖盼"也就完成了历史使命，从文坛上消声匿迹了。

1984年，上海举行全国首次人才交流招聘会。经过初试、复试、面试和政治审查，我被一家报社招聘为记者。1993年起，我又在东方电视台当了十五年编导。在我至今发表的两百多万字的作品中，都理所当然地署上自己的姓名。不过，我偶尔也会用上"肖盼"的笔名，这大概是那段冒名顶替经历所留下的记忆遗痕吧。有时，我会翻出那几篇纸张泛黄的"肖盼"的文章，就似乎闻到一股咸鱼的气息，虽然不新鲜，却足以让人回味。

那时,那人……

——人物旧照十五帧

许大昕

民国时代。十五帧人物旧照。

我无从知道他们的故事,无从知道他们的结局,亦无从知道他们的故乡与异乡……我只知道,他们生活于20世纪的初期或者中期,适逢中华民国时代,从民初到民末,都很遥远了……芸芸众生,他们藏身其中,再平常与平淡不过,他们的深浓爱意,他们超脱于乱世的特殊的稳静,在影像留存的那刻,固执坚决地占据了时间的一隅,任凭岁月变迁,似乎还鲜活着,涌动着,展现着曾经的生命悲喜——"记得早先少年时/大家诚诚恳恳/说一句是一句……从前的日色变得慢/车,马,邮件都慢/一生只够爱一个人"(木心《从前慢》),那些从前的人啊……

十五帧旧照,儿童、姑娘、新娘、男士、女士,基本上都是生命绽放时的留影。他们眉清目秀,衣着时尚,神情专注,有的笑花如靥,有的平和自得,每一个人都能看出坚定的生之郑重与生之喜悦。民初,一切变得很快,又反复倒退——洪宪皇帝登基、张勋复辟,一直到军阀混战,连年战火。在新旧交替中,许多老百姓也许根本就跟不上"城头变幻大王旗"的节奏,他们的穿衣打扮还保留着过去时代的痕迹,他们的神情也隐隐充满惊悸。1928年，张学良宣布东北易帜，蒋介石的南京国民政府在名义上统一了中国，军阀混战时代终结。在这短暂的平静时期，人们仿佛渐渐适应迥异于此前的"军阀的刺刀，文人的风骨，女星的光芒，江湖的血色"，人们的穿着打扮、精神面貌等，也仿佛被春风拂过，焕发了新的生机。

1931年，九一八事变，日本入侵。1937年，全面抗战爆发，恁是国破山河碎，中国人留在影像里的还是平静坚定的面庞，每临大事有静气，只要精神在，人就在；人在，山河就在。长达十四年的抗日战争，未经历的人无法道出其艰苦卓绝……1945年，抗战胜利，百姓额手相庆，许多人的装束渐渐变了，到了解放前夕，人们的精神面貌、气质穿戴也在改变——一个全新的未知的时代来临了……

这十五帧照片清晰度高，光线柔和，布景、道具、图式等不乏专业感，应该是拍摄自人物所在地的照相馆。在民国时代，照相馆参与和建构了几乎每一个中国人和中国家庭的独具的影像记忆。19世纪70年代，"中国各地，从沿海口岸到内陆重镇，营业性的照相馆开始设立，中国摄影史上'照相馆时代'正式掀开序幕"（仝冰雪著：《中国照相馆史（1859—1956）》，中国摄影出版社，2016年版）。照相馆有一套日渐成熟的摄影程式。像这十五帧人物肖像，就照片样式来说，有名片格式、橱柜格式等；人物表情既有早期肖像摄影的"无表情状态"的庄重，也有自然、含蓄、大气、开朗、纯真等其他形态。人物情感大多中正平和，人物塑造摄影师秉承了中国传统美学的艺术原则。格调明朗，讲究背景淡雅庄重，光效鲜明，立体感强。多用平光拍摄，影调统一柔和。人物姿势或坐或站，或倚或斜，有的独立于布景和道具之外，有的站、坐于道具之上，明显看出照相馆精心设计和布置的痕迹。"必须能把我们自己的个性，能把我们中国人特有的情趣与音调，借着镜箱充分地变现出来……于世界别国人的作品之外另成一种气息"（刘半农著：《北平光社年鉴·序》（第二集），1928年）。照相馆影像，"……所体现的价值不仅殊为独特，而且绝对无可替代，某种意义上，它首次使形形色色的'中国人'得以不分等级身份、在一种静止不失庄重的状态中被'学术'和不带偏激地凝神观看成为可能"（林茨、王瑞著：《摄影艺术论》，三联书店，2011年版）。借助照相术，民国人跃动于眼前，凝神观看，这是另外一种现实——通过衣装、道具、神情、氛围搭建起来的可以略微具有选择自由的令人神往的，可以放松和忘却的某种自我。

狄更斯《双城记》中说："这是睿智的时代，这也是蒙昧的时代；这是笃信的时代，这也是怀疑的时代；这是希望的春天，这也是绝望的冬天……"这亦是民国的某种写照。而同时，民国也是一个开放多元的时代，摄影技术的东来，照相馆的兴旺，为民国人留下了一帧又一帧真实的影像，也就留下了生命的真实与超越乱世的另一种现实。

那定是个情感丰富含蓄的时代，情义、闲适、平和、坚定屡屡充盈于乱世的间隙。时间流逝，河水汤汤，荡去了党派纷争、战争硝烟、生存苦恼，照片上的人定格于那年那月那时，神情依旧，却仿佛早已不在他的时代，仅仅是他个人独立地存在于时间长河中了……

图1，两位小脚女人和她们的子孙。她们挽髻，着白衫、扎腿裤，标致的小脚——她们生命中难以拂去的痛苦和骄傲，在新时代是这么扎眼。他们双手的摆放更添了种礼教约束出的

端凝。左边的妇人平常一定是个经常错愕恍然的人,右边的妇人好像很疲劳,木然地盯着镜头。三个小孩子在中间,天真可爱,应该是他们的孙辈了。

照片的布景是洋房的大玻璃落地窗,正映着温煦的阳光。两盆花的摆放左右,更加衬托出构图的稳定感、对称美。

图2,这应该是张全家福了。两个如花似玉的女儿着棉质旗袍分侍两侧。父亲长袍马褂,双手叠加,他的茶色眼镜是当时时兴的款式,为这身旧式打扮增添了些时尚气息。夫人眼神坚定,上身笔直,定是个雷厉风行、说一不二的女人。他们一家凸显于纯黑的背景下,左侧的道具是一束纤细的绢花,一块晕染的方巾,打破了黑的凝重而别具温馨气质。

图1　两位小脚女人和她们的子孙。

图2 全家福

图3，这是一家西化家庭的标准婚纱照，民国中西合璧的风气已经渗透于百姓日常。这张婚纱照，构图很讲究，人物居于正中，显得格外庄重。道具线条错落流畅，围护起新人。新郎英俊潇洒，笑意盈盈，领结、黑色燕尾服、礼帽、白手套——最时尚最郑重的装束集于一身。他左手轻扶圈椅，自然流露出西洋绅士派头。新娘头饰精致，眉清目秀，眼神清澈，将幸福掩映在紧抿的嘴角。她取坐姿，手捧花束，花束像瀑布铺散下来，馨香可闻。她的婚纱铺展于地下，像白荷花轻盈地托起他们的甜蜜……

图4，初嫁的新娘与夫君和伴娘、花童。他们静立在镜头前，新郎着长袍马褂，中式装束，这应该是一个偏于传统的旧式家

119

图 3　婚纱照

图 4　婚礼纪念照

图5　男士肖像

庭婚礼纪念照。新郎有着民国时代特有的个性精神苏醒而带来的坚定感和踏实感。新娘神情淡然,很有点出嫁女的不舍。两个小花童乖巧可爱,尤其男童,小分头、领带、背带裤、小皮鞋,标准的西方"小绅士"。

图5,人物五官轮廓十分清晰俊朗,但是更抓人的是他的眼神,这使他看起来更像一个精明的商人。

图6,这位民国少女笑容天真,神情开朗,还有几分少女的顽皮。她眼前放着的道具——皮包——似乎在暗示她职业女

图6 少女照

性的身份。她笑容甜蜜朴实,预示着她幸福宁和的一生。

图7,这张照片是1943年"逃兵变"途中题赠给一位长辈的,照片则拍摄于上海南京路上的昌启照相馆。这是民国时候兴起的一种风雅——赠友人或长辈照片。照片的书法题签增加了照片的传统意蕴。这是一位斯文的知识分子阶层的男士,着领带、

图7 单人照

衬衣、西服三件套,可见40年代的着衣风尚,眼神略带惊悸迷茫,却也不乏坚定……

图8,小姐姐的旗袍、小弟弟的兜兜裤和小皮鞋——每一个孩子在照相馆里都乖巧、安静起来……

图9,四个小孩——刚来到人间不久的天使,每一双眸子

图8 家庭合影

图 9 儿童合影

图 10 儿童合影

图 11 推小车的男孩

里都是好奇、清澈、童趣。

图 10,四个依次站着的小孩,西装领带、旗袍、皮鞋、小白袜,中西服饰的各种元素错落搭配,竟然很和谐。最可爱的是这个憨着笑的小姑娘,她好像还没有被培养成民国家庭里的"淑女"……

图 11,这个推着小车的小男孩理着小平头、斜挎着小皮包,应该是新中国成立初期的打扮了。他眼神很静,心无尘埃,是

图 12　一位父亲和他的儿子们

生命最初的洁白、欢快、踏实。

图 12，一位男士和他的五个儿子——虎头虎脑的、英俊挺拔的、内秀安静的。他情不自禁地拥着三个儿子——这在那个时代的照片中非常少见，可见他多么欣悦于自己的人生了。人物都具有令人难忘的眼神——他们给了观者强烈的"刺点"。

图 13，一位母亲和她的孩子们。她们可以笑得如此甜蜜天

图13 一位母亲和她的女儿们

然——我能想象母亲、孩子们在一起时的天伦之乐。那时,女人在家相夫教子者居多,并因母亲身份而广受尊重。孩子和母亲的感情深厚而又天然。女人全身心付出的母爱将给孩子们注入一生的力量。尤其是女孩子,在她们成为母亲后,也会把这种爱传递下去。

图14,母亲和儿子。这位母亲穿着考究,精明干练,儿子

图14 母子合影

图 15　姊妹合影

似乎有些懦弱,表情甚至有点愁苦。那些可以想知的生存压力、生活苦恼写在了他的脸上。母亲端坐,儿子站立一旁,且手拿礼帽,放于胸口轻轻按压,这也是照相馆常有的人物姿势。

  图 15 是一群姊妹花。看她们的穿衣打扮应该是在新中国成立前后。这群女人的面貌明显不同于民国时期的名媛闺秀。她们健壮、朴实、阳光,却也少了很多纯粹女性的韵味。似乎可以预见,一个新的时代,女性将被赋予新的含义。不得不说,女性化育万物,对一个女人来说,母性是比女儿性、妻性更重要的属性,堪称女性的核心。一个女人的幸福和成就应该更多地来自她的孩子。母爱如金,天生的母爱自然释放,将给每一个人带来温馨与平和⋯⋯

(图片由云志艺术馆提供)

寻踪莫干山

朱 炜

1920年时,中国建有大量外国避暑别墅的避暑地有十余个,著名的有北戴河、莫干山、鸡公山、庐山牯岭、鼓岭等。1886年,英国人任尼在福州近郊的鼓岭建起第一幢别墅,壁以石砌,廊用沙铺,开启中国近代避暑地建设的先河。1895年,英国人李德立在庐山获得大片土地,进行开发,根据英文cooling(意为凉爽的)发音,参考Ku liang(鼓岭),取名kuling,中文名牯岭,由此近代在华西人大规模地建设避暑度假别墅拉开序幕。

周庆云《莫干山志》称,"域内避暑之区有四,皆光绪中叶为欧美人游览所获,凡有卜筑,其兴也勃然"。这里指的四个避暑之区分别为北戴河、鸡公山、莫干山和庐山。而1917年曾游莫干山的郁达夫后至鼓岭避暑,直道见了鼓岭有"一种避暑地中间的小家碧玉的感想",但这并不影响鼓岭在一众避暑地中的地位,鼓岭作为中国五个夏季邮局之一,便是明证。

诚如美籍鼓岭文史研究专家、福州荣誉市民穆言灵的观点,邮局是探索鼓岭历史的关键,对于莫干山历史,亦如是。近一百年来,莫干山诞生了诸多见证百年风云、时代印记的珍贵史料。旅美华侨、集邮家张又新,曾为我写作《莫干山夏季邮局》

提供过莫干山邮品图片，他本人与穆言灵老师相熟，同致力于"寻梦鼓岭"工作。图书馆有书香背景，莫干山有国际舞台，《莫干山别墅往事》作者吴承涛联系德清县图书馆，在裸心堡发起莫干山历史照片捐赠对话会，拟与穆言灵老师进行跨洋视频对话，"寻梦莫干山"，将成为一种由彼及此的接力：旨在挖掘莫干山文化，重光莫干山精神，服务莫干山社群。

这里先分享一个鼓岭与莫干山之间的故事：

1937年8月5日，淞沪战役爆发前一周，一封从牯岭夏季邮局寄至福州英华学院的信，到闽侯中转时，收信人毕立夫

图1　莫干山482号毕立文别墅

人（Mrs John Pilley，原名 Muriel Caldwell）正在莫干山度假，于是改投，途经杭州中转，寄达莫干山。信中云："如你所见，我们在牯岭，我猜你们应在鼓岭，我们有幸能够离开上海，但我们的心情很沉重。何时这样的局势才会结束呢？如果你到了上海，请告诉我们。"

约翰·毕立（John Pilley，毕立沿用旧译）是湖州地区教务负责人、莫干山下至山上避暑区道路的主修者爱德华·毕立文（Edward Pilley）之子，堪称莫干山避暑西人中的"山二代"。很多个夏天，他在父亲毕立文于1904年建、1911年父亲与母亲度蜜月的莫干山482号别墅里快乐度过，并在房子下方的网球场训练成为一名出色的网球运动员。

图2 毕立夫妇早期合影。

避暑会网球场位于大礼拜堂旁，是莫干山中最为热闹的场所之一。球场边有一座中式风格的亭子，配以瓦片屋顶，便是山上的美国人常常庆祝他们"独立日"的地方。

既是避暑，免不了想要游泳，毕立也喜欢莫干山的游泳池。这也许是浙江省最早的一个公共游泳池，由莫干山避暑会集资，于1910年完工，四周全是光洁的水门汀，有扶梯，还有跳板，雇有专人管理，其中应有毕立文的贡献。

毕立文于1926年3月在吴兴菁山镇（今湖州市吴兴区东

图3 毕立在莫干山

林镇）病逝，《申报》登讣告称其"侨湖已历三十余载，热心公益，颇洽地方感情""莅会致祭者不下千余人""最后由家属答话"。

毕立在美国完成学业后，回到中国，入上海美国学校教书，在那里重遇并开始追求同事兼同为"山二代"的穆里尔（即Muriel Caldwell）。穆里尔是福州培元书院院长、博物学家、鼓岭"打虎英雄"柯志仁（Harry R. Caldwell）之女，在华接受中

图4 莫干山游泳池

图5 莫干山网球场

图6 毕立夫妇在莫干山合影。

小学教育，曾任上海美国学校教师，擅长写作，曾在中国报刊上发表《巨人与巨人》等文章。

1931年7月，毕立邀未婚妻全家上莫干山，在482号别墅举办家庭聚会，同时请上海同事上山度假。其中还发生了一个插曲，毕立在通往房子的陡峭台阶上扭伤了脚踝，在回上海的路上，得到未婚妻悉心照料。很快，毕立的脚伤痊愈了。有情人终成眷属，同年12月，毕立夫妇在福州举办婚礼。婚后，两

图7 前排左一为柯志仁,左二为毕立夫人,左三为柯志仁之子奥利弗,手中抱着的是奥利弗之女乔瑟琳;后排左二为柯志仁夫人,右一为毕立。

人同在福州英华学院教英文。

1937年8月,上海局势格外紧张,战事一触即发,毕家和柯家决定在莫干山482号团聚,重温莫干山故事。8月14日,中日双方开始空中较量,莫干山上可以清晰地听见这场空战的巨大轰鸣声。8月30日,毕立夫人离山时回头看482号忽然哭泣,因为她将与这座承载她无数美好记忆的家屋永别。

抗战胜利后,毕立的哥哥重回莫干山482号,发现它已经被严重损坏，做了一番维修。1948年后，毕立家族再也没有人回去过。

老房子是家族史的一部分，房子主人的后代想知道房子是否依然还在，他们希望以这样的方式去亲近和缅怀家人。相隔大半个世纪后，在林轶南博士的引荐下，2019年4月12日，穆言灵陪同毕立文孙女、毕立之女毕乐华（Gail Pilley Harris）寻根莫干山。毕乐华随身带着家族照片，仅一日就找到了保存完好的482号，家族的旧屋犹在，时光仿佛回流。对于毕乐华而言，这是一段美妙的经历，她很感谢能有机会参观旧屋。

2022年6月26日，"莫干山历史照片捐赠对话会——中外民间文化交流的莫干山案例"在裸心堡举行，毕乐华特别录制了一段视频，讲述她的家族与莫干山的联系，还捐赠了九张莫干山历史照片，串联成一幅莫干山避暑生活画卷。其中有一张从莫干

图8　2019年4月，吴承涛陪同穆言灵、毕立文孙女毕乐华寻根莫干山。

图9 从莫干山482号别墅窗远眺。

山482号窗远眺,窗外就是山峦,就是云霞,窗子的轮廓像一口铜钟。此刻,山钟的声音在每一个爱山人的心里响起。

据悉,穆言灵目前已联系到十几个曾在莫干山、鼓岭居住的外国人家庭后代,并促成其回访。

历史就像一个拼图游戏,不同视角拼出一个更完整的景象;历史也像一个法官的裁判,明确的主张后蕴含了价值的判断。如果说20世纪20年代是避暑地建设快速发展期,那么,21世纪20年代则可能是避暑人士后代寻根祖辈记忆与情感期。一百年,算是一个轮回,好不容易。能看见多远的过去,就能看见多远的未来。没有百年前故事,就没有现在的莫干山。

1970年：草原上的人们

孙国辉

20世纪70年代，笔者结识了内蒙古自治区克什克腾旗文化馆副馆长、摄影员杨文清同志，他是1934年生人，回族。他很开朗，待人真诚热情，在当地人缘很好。他能听懂蒙古语，但不太会说，自称说的是"二串子"蒙古语。他写得一手好字，也会画画。用一台馆里的国产"上海"牌双镜头反光相机。因我俩都喜欢揿快门儿，便很谈得来。

他热爱摄影工作，拖着一条残腿，围绕当时的主旨通过摄影开展宣传工作，长年在克什克腾旗各苏木（公社）、嘎查（大队）、艾里（自然村落）、国营农牧场、军马场等巡游拍照。

看杨文清的摄影作品，体味到浓郁的时代气息和少数民族风俗习惯，质朴真实，表现了五十年前草原人们的生活状态。

鉴于当时的条件，他系统学习摄影的机会几乎没有，能淘到的摄影书籍和教材十分匮乏，又求教无门。杨文清凭着自己的聪明和反复实践熟练地掌握了必要的拍摄和暗房技术，兢兢业业勤奋工作，较好地完成了领导布置的工作。

毋庸讳言，杨文清的作品在用光、拍摄角度和构图诸方面尚有提高的空间，许多作品囿于当时的局限不得不摆拍，好在

图1 《牧业丰收》,达尔罕公社达里大队。摄于1970年。春季是接羔季节,兽医深入牧民家里,帮助检查幼羔健康状况。

图2 《家庭访问》,达尔罕公社。摄于1970年。小学教师骑马到分散的牧民居住地看望学生们,检查和辅导他们的学业,受到学生和家长的热烈欢迎。

图3 《劳武结合》,达里诺尔渔场。摄于1970年。女民兵修补渔网时仍戎装打扮,抽时间练兵习武。

图4 草原练兵,白音查干公社。摄于1970年。

更多的作品是抓拍的。

杨文清生活和工作的昭乌达盟（现赤峰市）的克什克腾旗，蒙古语有"亲兵""卫队"的意思，是成吉思汗封赐的称号。全旗总面积两万多平方公里，下辖七个镇、六个苏木（公

图5 《水上练兵》，达里诺尔渔场。摄于1970年。部队干部在指导女民兵做水上射击演练。

图 6 那达慕大会上的博克（摔跤）比赛，白音汗公社。摄于 1970 年。

图 7 《女子民兵班》，白音查干公社。摄于 1970 年。

社)、若干嘎查(大队),大多是散居牧民。交通不便,通信不便,在草原上多骑马或步行,冬寒夏热,非常艰苦。杨兄拖着一条残腿跑遍了所有的苏木、嘎查和游牧点。

有的读者可能奇怪,内蒙古草原怎么会有人结网捕鱼?怎么还有春种秋收?其实草原上的"诺尔"(内陆湖)很多,便有相应的渔获,部分地区适宜农耕,便有播种和收割,农牧业都在发展,如果您有机会来内蒙古,会看到很多地方特色。

当时,杨文清拍了照片就放大成现在 A3 打印纸大小的照片,贴到旗文化馆临街的玻璃橱窗里展出。一年大约展六期,反映当时形势和各行各业的情况,每年展出的照片都放到两个大档案袋里保存。1970 年底,我下乡工作时去看他,杨兄便虚心地把当年展览的照片拿出来让我提意见,还兴奋地说:"今年表现民兵战备训练的片子多,基干民兵都发了枪,保卫家乡保卫草原的心气儿旺着呢!"我看一些照片挺好,便建议拿到盟里在报纸上发表一下,于是挑了十几张带了回来,后来发表了几张。

想不到这次的见面竟是永诀,杨文清同志在 1985 年因病去世,只度过了五十二个春秋。

再看杨文清同志所拍的这组照片,当时的情景又浮现脑海,五十年光阴归于一瞬,历史实难遗忘。

威海塑匠的手艺活

刘巍峰

明清时期，威海卫周边的人以农业为主，沿海一带兼以渔业。此外还有很多从事技术行业，人称"耍手艺的"，如俗称乡间"四大匠"的木匠、瓦匠、石匠、苫匠，此外还有铁匠、纸匠、银匠、小炉匠等。还有一种鲜为人所知的匠人，那就是塑匠，他们掌握着民间雕塑技艺。与当代雕塑不同的是，旧时的塑匠几乎都是专门给寺庙、道观塑造佛像、神像，以供人们祭祀、膜拜、祈福。

在旧时迷信盛行的社会，民间求神拜佛比较普遍。因此威海境内的佛道两教庙观众多，香火旺盛。城内有城隍庙、文昌庙、真武庙、观音庙、关帝庙、财神庙、马王庙、火神庙等；城外及村郊有慈圣寺、洪智寺、龙王庙、胡仙庙、刘公祠、娘娘庙、三官庙等；山顶有艾山庙、仙姑庙、玉皇庙等，大小总计有六十余座。而那些供奉于各类庙观里的神态各异栩栩如生的神像，便是出自塑匠之手。

虽然威海民间求神拜佛活动普遍，但因寺庙也就那么几十座，塑像需求终究有限，塑一尊佛像、神像，基本上是几十年、上百年不需要更新更换。所以与木匠、铁匠、瓦匠等从业者相比，

图1 城隍塑像。是城池的神界主宰，又是护卫百姓生死祸福的保护神。

专门干塑匠活的并不多见。而在众多技术活中，因扎纸匠与塑匠技艺多相通，所以当时的塑匠活多为纸匠所兼营。

扎纸是中国历史上古老的传统艺术之一，是源自墓葬、殉葬俑的演变和发展而来。为逝者点烧纸人纸马是相当普遍的祭祀活动，遍布全国，有着一千五百多年的历史。而扎纸正是综合塑、扎、绘为一体，用当地产的芦苇或高粱秸秆来扎制成人

图 2 真武帝。为北方之神,主宰水,能解除水火之患。

物的骨架和器物的框架,用糨糊贴纸塑形,然后再用颜料彩绘,并用彩色剪纸装饰,最终达到造型精美、形态逼真的效果。

而塑匠同样是先以骨架为基础,后层层塑泥料成型,最后用颜料彩绘,从工艺层面来看,与扎纸技术和工艺流程基本相同,只是材料运用和成品的厚重感不同。威海的寺庙、道观造像类别丰富,塑造技艺精湛,丝毫不亚于其他城市的造像水准,从

图3 刘公刘母塑像。传说刘公刘母积德行善、扶危救难，南来北往的船只经过刘公岛，船民都要进庙祈祷，祈求平安。

留存的历史照片上来看，塑造得生动传神、气宇昂然。只可惜现今已经看不到这些民间工艺的遗存，它们有些在民国时期便遭到了遗弃，如城里十字路口关帝庙在改为政府办公用房之后，即将关帝塑像深埋于院内。也有些在解放初期破除迷信和后来的"破四旧"当中予以破除损毁。

塑像一般为敷彩泥塑，塑匠们主要承担泥工、彩绘。行业内亦有职设,因为大部分情况下也是数人集体作业,需要有统一的规划、设计、施工和指挥。国内塑匠行业中还有"师"的称谓,高级塑匠可被尊称为师并可教带徒弟。威海塑匠大多是纸匠身兼,都具有一定绘画能力,如果涉及更多题材的绘制,如庙内壁画等,也会请专门的画匠来合作。

旧时的塑匠活与现代雕塑有着相似的地方,都是造型艺术,但是又不完全等同于现代雕塑。与其他匠活一样,塑匠遵循着特定的模式和传统技艺,缺乏在艺术层面的延展和创造,但也正是这种坚守才造就了传统艺术的时代价值,更具民间特有风味。

在威海当地,曾流传赞誉塑匠技艺的佳话。据说很久以前有座新建寺庙要塑佛像,两家塑匠都想谋得这个大活儿,也纷

图4 三官庙塑像。"三官"即道教的"上元天官""中元地官""下元水官",是早期道教尊奉的三位"天神"。

图5 众神像

纷找有地位的人说项"拉工程"。为了平衡关系,建庙者不得已只好交给他们两家同时营造,但有言在先,谁干得出色,就给谁付工钱。如此一来,两家都展示出自己的实力,在塑造设计和施工上格外卖力。有意思的是,为了将对方比下去,他们都怕彼此偷学技艺,在庙堂中间悬挂巨大帷幔,将施工现场一分为二,互不影响,互不干涉。而正殿最主要的那尊最大的塑像,也被均分:每家只能做一半神像!两家塑匠均"摩拳擦掌",互不服输,各自都拿出了看家本领精心制作。经过一番努力,在最终揭去帷幔的那一时刻,一家一半制作出来的神像体量均衡,眉目和谐。两部分合在一起,人物造像浑然一体,如出一辙,一时引得庙主以及周边百姓的大力赞扬,传为佳话。细细想来,两家塑匠若互相排斥肯定是完不成项目的,一定是表面上互相独立,而私下通过协商协作,才能将庙内塑像制作的风格统一,

图 6　天后宫神像。民间又称其为"海神娘娘"。

完整无差。

　　不过，在威海的寺庙中，也有供奉的不是塑匠制作的神像。如温泉镇的一所佛庙的主神像就是一尊石像，人称"金身石像"。据当时见者回忆，神像有三米高，并非人为雕琢。虽是天然形态，却厚重端庄，形象清晰明显，颇有神灵现身的气势。此外，在当地民间还流传着石佛造"仙人桥"的神话传说。

一百年前的小学校园采风

刘 鹏

北京市西城区档案馆里，收藏有一批20世纪初初等小学堂的照片。这几张盖有京师公立第二十八国民学校、学生成绩钤印的老照片，拍摄于1916年，记录了当时小学生们的学习与生活。

二十多年前，西城区档案馆面向社会征集档案，当时的西城区区属学校大三条小学，看到征集方案后，致电档案馆并邀请工作人员前往。当时，档案馆编研科科员周海南到了学校后，一位男老师拿出一个旧盒子，里面装满了老照片，其中就包括这些一百年前初小学堂的旧照。当时，因为学校要撤并，校方决定将这些历经百年沧桑依然得以幸存的老照片交给档案馆保管。

京师公立第二十八国民学校创办于光绪三十二年（1906），最初名为右翼八旗第七初等小学堂，校址设在宣武门内，最初有学生两班。民国元年（1912）更名为京师公立第二十八国民学校。民国十四年（1925）添设高小，更名为京师公立第二十八小学校。民国十七年（1928）更名北平特别市公立第二十八小学校。民国十九年（1930）1月更名特别市市立第二十八小学校。同年10月更名北平市立第二十八小学校。民国二十二年（1933）更名为北平市立新街口小学。民国三十四年（1945）更名为北平市立第四区十八保国民小学。1949年后更名为北京市西城区新街口大三条小学。由于近年来西城区学校布局调整，2002年1月，与西城区东教场小学合并。

　　乒乓球运动起源于19世纪末的英国，1903年，英国人古德发明了胶皮球拍，直到1926年，才出现表面有圆柱形颗粒的胶皮乒乓球拍。中国早期的乒乓球运动仅在上海、广州、北京、天津等少数大城市开展。这张照片（见封二）证实在1916年，

图1　童子军

图2　课余劳动

图3　武术训练

图4 音乐会

图5 放学

乒乓球这项体育运动已经普及到京城小学校园。

照片上的乒乓球台案是用两把条凳搭起一块木板而成的简易台案，尺寸很小。注意！左边男孩手里握的球拍像是用硬纸板制作的，显得十分单薄，可见最初的乒乓球运动是很不规范的。在围观的孩子中，男孩子多女孩子少，从他们幼稚的脸上看到是那样的专注，只有站在最右边观看打乒乓球的男孩还留着长辫子，隐约显出大清遗风。

童子军创立于20世纪初，创始人是英国贝登堡爵士。1912年，童子军传入中国。1916年，京师公立第二十八国民学校的童子军在训练后，留下了珍贵的合影，这时童子军刚传入中国只有几年时间。

开创之初，童子军的影响并不大，大多使用英文教学，主要在租界或教会学校和团体的范围内，利用课后、业余时间，进行一些慈善和服务活动。1915年，在上海举行第四届远东运动会，童子军进行了会操表演，并参与维持会场秩序等服务工作，引起当时参加运动会的各省教育界人士的注意，其影响逐渐扩大。

童子军有三句铭言："准备、日行一善、人生以服务为目的"。平时他们清洁街道，扶老携幼，为一些大型社会活动维持秩序，还是社会运动的积极行动者。

（图片由北京市西城区档案馆周海南提供）

继母马志华

邹士方

我的继母、已故工笔花鸟画家马志华(1918—1988),字润培,北京人,从师于于非闇和赵梦朱两位大师。1937年入故宫古物陈列所国画研究院,任研究员,专事古代名画临摹研究。1942年毕业于京华美术学院。

1943年8月13日至16日,"李树萱马志华两女士第一次人物花鸟画展"在中央公园举办,马晋、王森然、郭风惠、周元亮、惠孝同、启元白(启功)、俞致贞、黄均、洪怡等嘉宾前来观摩并题名。1944年秋,古物陈列所在中央公园举行首届国画研究馆师生作品展,在社会上引起较大轰动。

1949年以后,马志华一直从事聋哑人教育工作(先后任教于北京市第一聋哑学校和北京市第四聋哑学校),就此搁笔。

马志华的花鸟画在继承传统笔墨方面,功力深厚,远承恽南田、蒋廷锡、邹一桂诸家,充溢着冲淡而隽永的韵味,达到一种简朴素净的美的境界。1949年以后,她长期搁笔,故其作品外界很少见到,去世后,留下百余幅的遗作,受到文学艺术名家刘海粟、吴作人、冰心、曹禺、刘开渠、李可染、常书鸿、臧克家、启功、刘凌沧等先生的赞赏,纷纷为之题跋。吴作人先生为《四季花卉图》长卷（365cm×35cm）题引首"淡锦长秀"四个篆字，并识之："马志华乃京畿工笔花卉前辈，得见遗作画卷，景清妍绝，其哲嗣邹士方同志嘱为题引首。时在一九八八年戊辰盛夏作人病中手弱。"启功题："此马志华太夫人遗作，工致具常州法家。令嗣邹君士方宝藏见示因识之，以世之赏音知一艺之成必以专精始传也。"

图1 1938年，在京华美术学院求学时的马志华。

1989年9月25日《中国美术报》（文化部中国艺术研究院主办）、1990年第2期《中国画》杂志（北京画院主办）有文对她作了介绍，并刊出她的作品。

1953年春天，我近四岁时，我的生母陈丽君故去，她只有三十九岁，那正是人生最辉煌的时光。但这件事在我的记忆中似是一片空白，我是否哭过、闹过，一切都无印象了。

以后的几年，家中很少有欢笑，父亲的脾气变得越来越暴躁，他经常无缘无故地发火。

我的继母进入我的生活中，那该是在1955年我六岁的时候。那是一个夏天，我正在培根幼儿园里。一天中午吃炸酱面，一位中年妇女特意来看我，她满面笑容亲切地问我吃得好不好，缺什么不缺，幼儿园里都叫她"马老师"。一年后"马老师"就成了我们的继母，当时她已经三十八岁了。她到我家来的时候，

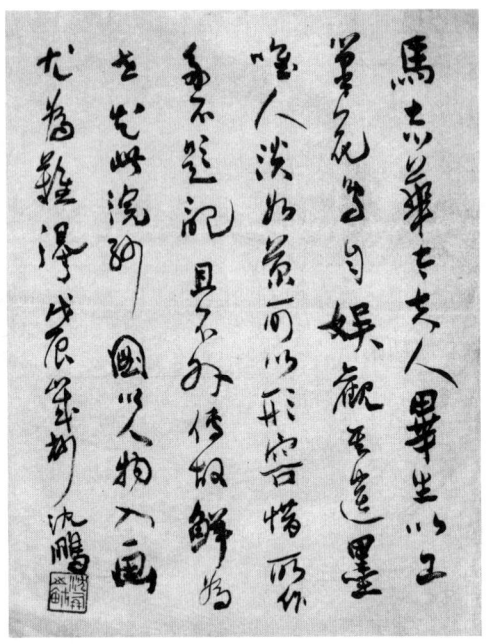

图2　沈鹏为马志华所作《浣纱图》题诗塘。

我说不上欢迎还是不欢迎。给我印象最深的是她带来四扇大镜框和多个小镜框，里面都是栩栩如生的工笔画，有苍鹰，有松树，有鸽子，有小鹿，有青蛙，有蟾蜍，有粉蝶，有青竹；有红牡丹，有碧荷叶，有黄鹂鸟，有灰喜鹊，有鹌鹑，有麻雀；有蜻蜓，有鸣蝉，有游鱼，有飞燕；有梅花，有兰草，有玉兰，有芍药，有杜鹃，有连翘……意味润泽，墨彩粲然。这大概是我最早接触到的书画真迹了。后来我才知道这些都是她的作品。以后四扇大镜框就悬挂在客厅壁上，小镜框则挂在父母卧室墙上。我倒可以时时欣赏了。

继母马志华,是一位有成就的画家。但不知为什么,新中国成立后她改行了。她进入我们这个家庭后再没有画过画,也从不谈画。而她的那些灵动秀逸的佳作吸引我走上了酷爱中国传统书画的道路。对于我自学国画,她不置可否,不评论,也不指导。

我曾偷偷地翻看过她收藏的一本三十二开木质硬皮的册页,里面有于非闇、黄均、俞致贞、田世光、姜燕、刘继瑛、赵纹(赵梦朱之女)、黄华(黄均之妹)、王棣华、王仲华、王淑华、萧毓明、屈贞、洪怡、李树萱、李念先、杨乃侠、赵书瑗、刘学敏等画家绘赠她的国画作品,有

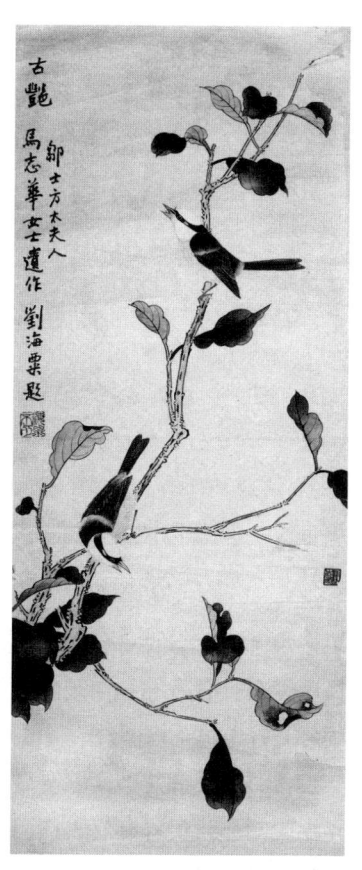

图3 马志华作,刘海粟题。

二三十幅,色彩缤纷,琳琅满目。我记得于非闇画的是几株浅紫色兰草,完全的大写意,如红粉佳人临晚照,云中仙女翩翩舞,曼妙多姿,水润华滋。俞致贞画的是工笔水果,秋梨肥硕,清健秀润,笔精墨妙。继母去世后,此册页下落不明。

1956年8月,继母带我去报考北京二师附一小,地点在西城区受璧胡同。遇见一位秀气文雅的中年妇女带着她的女儿也

图4 60年代的马志华

来报考,继母同她们看来很熟识,交谈起来也很亲切。后来知道那个母亲就是画家姜燕,女儿名叫杨南基。我和杨南基成了小学同学,可是不在一个班。1958年10月,作为北京画院兼职画家的姜燕被派出国,参加由郑振铎为团长的中国文化代表团访问阿富汗和阿拉伯联合共和国(1958年,由埃及、叙利亚、北也门等合组的泛阿拉伯国际,后解散——编者注),10月17日因飞机失事遇难。杨南基的父亲是著名美术家左辉,我见过几面,学者风度。70年代我与杨南基的弟弟杨北立结为好友,他油画画得很好,曾送我一幅风景画,可惜在1991年冬天不知去向。

继母使我们这个家庭变得完整了一些,开始有了欢笑,有了温暖。那几年每逢节假日,我们全家都一同到公园或野外去游玩,兴尽而归。

继母是老北京人,脾气温和,与脾气急躁的父亲正好互补。

经常有聋哑人来我家拜访她,她总是热情接待。她的哑语手势十分纯熟,再配合上她自然丰富动人的表情,让人有如坐春风之感。

她来我家后,一定要购置一组沙发,一长两小,父亲反对,她坚持要买,只好依她。父亲笑称沙发是"穷人美"。当时沙发是稀罕物,大多数家庭都没有。"文革"一来,沙发只好当废品处理。

她虽然上过大学,但很迷信,我从她那里知道了许多北京的旧习俗。她很爱说笑,给我们讲过种种有关北京的传说故事。这一切都增加了我不少的知识。她曾跟我说:"男人的体型大致有两种类型,一种是好的,可以用同、贯、日三个字来形容;一种是不好的,可以用甲、申、由三个字来形容。你和你父亲都是贯字体型,最好;你哥哥是同字体,也还可以。"继母也爱唱一些民间小调,可惜五音不全,让人听着总不那么舒服。她教我说顺口溜:"小小子儿,坐门墩儿,哭着喊着要媳妇儿。要媳妇儿干吗?点灯说话儿,吹灯做伴儿。"印象很深的是她总是把"两毛"说成"二毛"。她很喜欢说:"宁吃仙桃一口,

图5 我父亲和我继母。邹士方摄于1970年。

不吃烂桃一筐。"她很爱吃肥肉，说："解馋。"她只有一米五五的身高，父亲开玩笑说她是"恨天高"，她反唇相讥说："长那么高，接骆驼粪呀！"

继母的父亲名马乐田，母亲名都万田，两人的名字还真有意思，互为锦上添花，完全是地主气象。马乐田曾是一位官僚，他们家在北海后门西侧的教场胡同里，独门独院，屋里摆设古色古香，大桃瓶、古画，应有尽有，一看就是一个殷实的家庭。我在那里看到过两张已经变成棕色的大照片，其中一张是两位穿清朝官服的中年男子并排而坐，一位是不是我这位姥爷，我当时没敢问，因为这位姥爷不苟言笑，我有点发怵。姥爷还有

图6 马志华作，启功题。

图7 我继母和我小妹在读书。邹士方摄于1970年。

个别号叫"场住马二郎"。继母告诉我,姥爷曾是清朝的世袭云骑尉、不记班的守备,是个武官。我见过继母的画友绘赠给姥爷的折扇,一面是王棣华画的红叶,刘学敏画的山水,李树萱画的小儿,赵书瑷画的紫藤;一面是杨乃侠画的山水,黄华画的芭蕉美女,萧毓明画的荷花。众彩纷呈,各有千秋。

后来"文革"时,家被抄,大桃瓶、古画、照片统统荡然无存。在之前姥姥已经搬家到西城区福绥境一个幽静的小院里了,院里遍植鲜花碧草。隔壁是全国政协副秘书长萨空了的住宅。80年代初萨空了兼任《人民政协报》总编辑,我那时成了他的部下。我曾去他府上拜望,想起隔壁,现在已不知为何人居所,不禁别有一番滋味在心头。

姥爷是60年代初故去的,当时在马路对面的厂桥嘉兴寺大办丧事,烧了不少纸人纸马,许多和尚念了几天经,十分铺张。

继母只有一个妹妹,在大学教书。她与两个堂哥也有来往。二哥是位私人医生,十分开朗、健谈,有一个女儿,与我同岁,长得美丽端庄,皮肤白皙,却小名黑妞。看来医生很懂辩证法。大哥是位学者,继母曾带我到他家串门。这位学者让我参观他的藏书室,一间大屋全是书架,书架上满满的全是线装书,恐怕有不少珍本,我当时十分吃惊。

由于继母有工作,家中无人照料,我家找了一位年纪大的保姆洗衣、买菜、烧饭、照顾孩子。继母对我们照顾不多,因为她工作很忙。

应该说,继母待我们还算是不错的,但我总觉得还缺少一点什么……1957年,继母的女儿——我们的小妹妹出世了。继母对她爱如至宝。我们兄弟姐妹也渐渐大了,继母对我们越发客气起来。

在"文革"后期,父亲对自己被"造反派"审查后得出的模棱两可的结论不满意,于是给中央领导和新闻单位写信申诉。父亲写出底稿,由继母誊抄,然后再寄出。这时我才发现继母的字写得非常工整、漂亮,联想到她在画作上的小楷题跋,清新秀美,功力实在深厚。可惜她没有一件书法作品留给我。

继母1949年后放弃专业,远离美术界,看来是有远见的。

图8 继母与我。摄于1982年。

这使她在以后的历次政治运动,特别是"文革"中免受冲击,不受折磨。对待抄家之事,她时有不满发泄,凡是以后家里有伤财之事发生,她都会说:"我万贯家财都没了,现在这点算得了什么?"

1988年继母去世,只有七十岁。

检点她的遗物,她来我家之前的照片只有一张寸照,那是贴在她的京华美术学院学生证上的,摄于1938年,当时只有二十岁,正值青春年少,貌美如花,温静如玉,清纯而又芬芳,尽情绽放着春天的气息,一派大家闺秀风范。她来我家之前应该有不少照片,大概都放在娘家,"文革"抄家,恐怕已不知去向。庆幸的是她那些敝帚自珍的作品,随着她的出嫁,早已带到我家,得以保存至今。

有时我对着她这张纯净新鲜的旧照发呆,仿佛她正带着少女的温润情怀款款走来。她真想对这个世界说点什么,却又无言。惆怅之情挥之不去。

父亲参加过渡江战役

姚亦锋

1949年4月23日是解放军渡过长江、解放南京的日子。这个日子对于我来说是很熟悉的,因为我的父亲姚萱龄经常提起,他参加渡江战役时刻骨铭心的人生经历。父亲收藏有"渡江纪念章"。

一、父亲成长求学和革命经历

1927年,父亲出生于重庆巴县(今巴南区)长江边木洞镇的一个富裕家庭,家有大量良田,有祠堂书房,并收藏有很多古籍。

父亲从小接受良好的文化教育,考取了著名的重庆南开中学。时值全面抗日战争期间,大量的高等学府聚集重庆,所以在南开中学教学的有很多著名教授,而且高中数理化教材用的是国外英语版本。学习压力虽很大,但学习质量很高。

父亲经历了日本飞机大轰炸,目睹美国飞虎队支援抗战。夜晚,同学们聚集教室,学习之后,高声合唱抗日歌曲。

1945年,父亲考取中央大学化工系,从家乡重庆来到南京。据父亲回忆，大学第一年还是认真读书的，1947年开始逐渐投入共产党组织的学生运动中。共产党在大学校园活动，从悄悄地进行到日渐如火如荼，著名的"五二〇运动""反饥饿、反内战、反迫害"运动等，父亲都参加了。父亲后来成为学生运动的小组负责人。1948年5月，父亲正式加入中国共产党。

图1 十八岁的父亲即将离开家乡到南京上大学。摄于重庆。

当年中央大学的学生组织，几乎都在共产党地下组织掌控之中。父亲是学生会合唱队队长，合唱队演唱的都是进步歌曲，展示底层劳动人民的疾苦，彰显劳动人民的呼声。父亲曾经指挥演出《黄河大合唱》。

1948年底，解放战争胜利局面日渐明晰，南京国民政府明显开始恐慌，有钱人慌忙逃离。而同学中，有共产党员被抓的，有牺牲在雨花台的。但是这压抑不住广大学生的斗争情绪，斗争的形式越来越多样化，斗争的组织越来越严密。在中央大学校园里，一些同学晚上聚集在一起偷偷收听延安（陕北）新华广播电台的新闻广播，甚至还有到苏联驻华大使馆借来革命电影偷偷观看。

二、参加渡江战役

1948年12月下旬,父亲已经被当局列入抓捕黑名单,这个信息被中共地下党组织及时了解到。然后,父亲立刻被秘密安排夜渡长江,投奔江北解放区。

1948年12月24日,父亲最后一次参加中央大学同学们的圣诞晚会后,再也没有回到宿舍。当夜,在南京下关码头附近,他们四个同学悄悄渡江,其中一位孙晗,后来成为江苏省副省长。乘坐木船渡过长江,江北有人接应,然后继续往北走,一站又一站,一路上都有人有计划地接应。那个年代没有电话,没有

图2　1947年,在玄武湖公园与同学合影。此时的父亲开始靠拢共产党,参加革命活动。左二是父亲。

图3 五个中共地下党员的合影。左三是父亲。摄于1948年。

手机,甚至没有任何通讯设备,反而凸显出共产党严密的组织能力,而且看得出这是很多年的经验积累而成。

父亲和几位同学到达苏北涟水、淮阴,正赶上淮海战役末期,炮声隆隆。父亲看见一群群解放军战士气宇轩昂地列队走过,看见一眼望不见头的推车民工。这与国民政府管辖区形成鲜明对照。

父亲穿上解放军军装,因为是大学生,一开始就享有"排级"干部待遇。后来,父亲作为接管干部接管新解放区。

1949年4月21日,解放军全线开始渡江,东起江阴,西至九江,一千里长江沿线,百万雄师过大江!经历那个年代的革命青年,每当回忆往事,讲起每一个细节都激动感慨不已。"虎踞龙盘今胜昔,天翻地覆慨而慷。"我父亲是4月23日参

图4 父亲与母亲的结婚照。摄于1956年。

加渡江的。在4月21—23日,这三天内渡江的部队,都属于参加渡江战役的,所以,父亲获得了一枚渡江战役纪念章!几十年,这枚纪念章一直保留在父亲身边。

三、后来的经历

回到南京,中央大学的同学们发现曾经失踪的父亲,如今却着一身军服出现在同学们面前。由于父亲有较高的学历,得到快速提拔,上级领导多次说过:你有很高的学历,在我们党内也是很难得的青年干部。其中在1950年、1951年,他两次担任南京市国庆节游行总指挥,很是自豪!

父亲先后担任玄武区团委书记、某军工厂团委书记、江苏省化工厅某部门主任,等等。1956年结婚后,因为母亲在台湾有亲戚,父亲就再没有得到提拔。任职也只能是院长、厂长岗位，不能够担任书记。而且南京地下党组织，由于当时各人错综复杂的社会关系在历次政治运动中遭到越来越严厉的审查，在历次政治运动中遭到越来越严厉的审查。

1970年至1976年，我们全家被下放苏北淮阴县老张集人民公社，来到一个非常贫穷的地方。屋内没有电灯，饥饿常有。学校课桌板凳是学生自己携带的，高高低低的，大大小小的。学费仅一元，但很多家庭仍交不起。父亲当时月工资一百二十元，在当地就是"厚禄"了。

在淮阴，父亲做了两年农民，干农活父亲确实不在行。后来，父亲到公社窑厂当副厂长，再后来调到县城化肥厂当厂长。1976年，父亲回到南京任省外贸局医药科科长，再回省化工厅，

图5　父母游览长城时留影。

任省化工设计院院长。

父亲古汉语古诗词基本功非常扎实。我中学课文中的文言文或者古诗词,不懂的字词,我问起来,父亲无需查字典,随口便给予解答。父亲的历史知识也很丰富,明清两朝皇帝名称一口气按顺序说下来分毫不差,而且能够清清楚楚说明白《毛

图6　1972年,全家去青岛时留影。

图7 1975年，父亲在淮阴化肥厂当厂长。

泽东选集》里每一篇文章的时代背景，当时的政治形势，文章的主题思想，甚至重要的句子都能够背诵出来。

从小学二年级到五年级，父亲给我讲故事，说三国讲水浒，还有岳飞精忠报国，甚至给我讲当年地下党的革命活动、重庆大轰炸，乃至他的童年，当然还少不了讲一讲斯大林格勒战役、莫斯科保卫战，等等，简直让我如痴如醉。在那个没有图书，没有电影，没有电视，更没有互联网的时代，极大启发了我的学习热情，放眼世界，探索未来。

父亲为人正直，不苟言笑，而且有脾气，但是从来没有打过孩子。

我大学设计课需要绘图笔，希望到父亲所在的设计院拿几支，父亲给我钱，让我自己去购买，公私分明。

父亲一直关心国内外政治局势，提起世界某个国家，父亲能够立刻说出该国的面积和人口，以及历史概况。作为离休干

图8　1978年,父亲在青岛留影。

部,依然读书看报,对国内外政治局势判断准确,很有深度。

2013年5月,我带父亲去下关码头看看,他已经步履蹒跚,但是清楚记得:"这里曾经是田野小路,我曾经每天在这里走过,坐渡轮过江上班……"

关中八一剧团

毕醒世

这组关中八一剧团的照片，拍摄于20世纪40年代；从照片的画面中可以看出，四张照片是在同一时段、同一地点拍摄的。

关中八一剧团原名为七月剧团，是中共陕西省委于1939年7月1日在国统区泾阳县云阳镇成立的，以主演秦腔现代剧为主，在各地巡回演出。

该剧团1940年9月北上延安，易名西北剧团，1942年1月随陕西省委辗转来到旬邑县，与关中分区的关中剧团和关中警备司令部的关警剧团合并，改称为八一剧团，驻地马栏镇。1949年5月改为三原分区文艺工作团。新中国成立后更名为陕西省文艺工作团。

八一剧团从1942年至1949年在关中分区各地巡回演出，所演剧目除传统剧目外，结合实际创作了一大批揭露国民党顽固派残酷统治，反映人民群众革命斗争精神，以及教育边区人民发展生产的剧目。据不完全统计，关中八一剧团先后编排秦腔现代戏、眉户现代戏、传统戏、歌剧、话剧等剧目二百五十多个，以多种表演形式大力宣传抗日救国精神以及边区党和政府的政策、法令，极大地丰富了边区人民群众的文化生活，推动了各项事业的发展，深受边区群众的欢迎。

1942年，该剧团赴延安演出《三滴血》《石达开》《民族魂》等剧目，受到中共中央领导接见，中共中央办公厅给剧团题赠一幅舞台前幕和一条舞台横额，前幕是对拉式两大块，中间是近一米见方的"推陈出新"四个大字，横额题词为"为实现大众的、民族的、科学的新文化而奋斗"。

1940年秋，在延安，该剧团于七月剧团基础上改建西北剧团，在陕北公学驻地安营，隶属中共中央西北工作委员会领导，以演秦腔为主，兼演歌舞小节目，排演的剧目除七月剧团原来

图1　关中八一剧团姜丙泰给演员作报告。

图2 关中八一剧团演员排练秧歌。

的《大上当》《抓壮丁》《大钉缸》《团结舞》等，同时排演了创作节目《捉王二》《新打草鞋》《讲卫生》和易俗社的《金莲痛史》，民众剧团的《中国魂》，三意社的《洋烟恨》《看女》等，凡遇节假日、会议，剧团进行演出活动。

不久，苏一萍和白衣、林丰、陈英、裴然、胡岚、路明等排导出了《蜕变》《日出》等大型话剧上演，引起社会重视。因此，西工委又决定苏一萍为团长，白衣为协理员兼副团长，组织了专演话剧的西北剧团一团。延安文艺座谈会后，该剧团改名西北文艺工作团（现在的陕西省歌舞剧院的前身）。原来以演秦腔为主的西北剧团作为二团。团长严一农（韩学礼）、副团长斯曼尼，支部书记卫新，教务股长赵纪。

1941年春，西北文艺工作团留延安，原西北剧团回到关中，属中共陕西省委领导。离延安时，中央西北工作委员会从鲁艺

图3 关中八一剧团腰鼓队

调来了岳松、刘汛、碧波等艺术人才,加强剧团业务力量。剧团到关中后,陕西省委从初到边区的知识青年中抽调了一批人员,充实了剧团力量。不久,他们排演了王维之创作的大型快板剧《世界大战》,深受淳化、旬邑等地广大群众欢迎。剧团后与关警剧团合并,组成了八一剧团。

1947年3月初,国民党胡宗南部进犯陕甘宁边区,该剧团开始转移,在三个多月时间,从关中到陇东、延安、三边分区,再到晋绥边区。该剧团一边转移,一边演出,一边打阻击,出色地完成了任务,受到了联防司令部王维舟副司令员多次表扬。

1948年春,西北人民解放军收复关中分区,该剧团随军演出。1949年5月4日,三原解放,第二天该剧团进驻三原城。

新中国成立后,该剧团更名为陕西省文艺工作团。到1952年,该剧团的部分团员受组织委托,组建了分区宣传队(后改为陕西军区文工团)、咸阳文工团、分区人民剧团、商洛文工团等,许多团员分别被组织派往其他多个原有的文艺团体担任领导职务。

一张八十年前的照片

何 芳

我的五伯父何伯镛，1935年出生于广东省江门市新会区会城，1957年在沈阳东北工学院毕业后，曾在煤炭部干部学校和国家煤炭部工作，退休前为煤炭部科技司司长。乙亥年（2019）春节，五伯父从北京回广东过年，给我们带来了一张他珍藏多年的老照片。

这张照片拍于1938年夏天的上海，从左到右分别是我的爷爷、奶奶、二姑婆、五伯父、表姑母（二姑婆的女儿），当时的五伯父才三岁半。这次在家乡相聚时，五伯父向我们讲述了这张照片的来历。

我的爷爷出生于广东省开平县龙塘乡，由于家贫，人口多，为谋生计，小时随我的太祖父母迁居新会。太祖父去世得早，家境贫寒，爷爷没有读过太多的书。在20世纪初期的动荡年代，一个名为陈谟的上海医生，从上海跑到了新会，机缘巧合，认识了贤淑敦厚的二姑母，娶为姨太太，结婚后回到上海。二姑公陈谟是上海有名的儿科医生，爷爷后来便到上海，投奔二姑公门下，成为他的学徒。在多年的手提面命、耳濡目染中，爷爷学会了许多医学知识，后来回到新会会城，正式挂牌行医。

家庭合影。摄于1938年。

爷爷很勤奋很用心,凭着自己的努力,在有着众多名医的会城逐渐站稳了脚跟,成为享誉一方的正牌医师。正当爷爷的事业逐渐发展的时候,全面抗日战争爆发,日本鬼子侵略的魔爪伸到了广东。爷爷觉得新会待不下去了,决定到上海避一避。当时大伯父在韶关读书,二伯父和姑妈寄居在梅岗乡亲戚家中,爷爷奶奶只带着五伯父逃往上海。五伯父清晰地记得,那天晚上漆黑如墨,一家三口在船家的带领下,在银洲湖畔的泥土路上深一脚浅一脚地艰难前行,爷爷很生气地对奶奶说:"我对你说过多少次了,不要带这个秤砣(累赘),现在走都走不快。"

后来不知经过多少天,走了多少路,五伯父只记得坐在一艘"皇后"号的大邮轮上,路途颠簸得很,不少大人都吐了一路,许多人都起不了床,五伯父却不知忧愁地从船头走到船尾,又从船尾走到船头。他还记得到了一个叫"吕宋"的地方(应当是现在的菲律宾吕宋岛),邮轮停了下来,有的大人往海里扔硬币,当地人便从小艇往海里跳,捡起硬币向船上的人举手表示感谢。

在上海,爷爷他们住在霞飞路二姑婆家里,那是一个富有的家庭,在当时已经拥有小汽车。二姑母经常带他们去公园玩,这张照片就是在一次去公园游玩时拍下的,五伯父旁边的女孩子名叫陈鲽,在二姑公众多子女中排行十八。

在上海,五伯父尝到了不少的第一次。第一次看电影,电影名为《十三寡妇征西》,因为年纪太小,里面的内容看得糊里糊涂的。后来还看了《白雪公主》,觉得很好看,但是纳闷电影里面的人是怎么跑出来的,怎么一会儿有树,一会儿有雪?这些对于一个三岁半的孩子来说,都是新奇好玩的东西。五伯父还记得有一种叫"冰棒"的东西挺好吃,里面有红豆,又凉又甜。

爷爷奶奶觉得在上海待下去也不是办法,没有工作,也就没有了生活来源,便决定返回家乡。在日本人占领期间,会城许多医生都逃往后方,留在城里的医生很少。家乡沦陷时,疟疾流行,爷爷通过一位前来医治性病的日本人弄到一批奎宁丸,他用奎宁加上一些中草药治好了不少患者,声名鹊起,从此奠定了他在会城医疗界的地位,又开设了自己的诊所,命名为"冈州诊所"。

二姑公陈谟，对爷爷这个家庭的贡献是巨大的，在我五伯父的记忆中，爷爷奶奶每提及二姑公、二姑母，都表露出感恩和敬重的神色。五伯父一共见过他们三次。第一次是小时候在上海那次。第二次是1946年春夏之交，二姑公、二姑母回广东省亲，到会城小住，爷爷奶奶以极为隆重的规格接待了他们。还一起去"尼姑灶"祖坟祭祖，家里特意烧了一整只乳猪，带了许多祭品前去拜祭。在山坡上，二姑公十分骄傲地对爷爷说："阿灿啊，这席山坟风水这么好，你将来一定会执新会医疗界之牛耳啊！"爷爷听了，当然十分受用。第三次是在1953年春，二姑公和二姑母到沈阳，探望他们排行十二的女儿陈鯀，当时他们的女儿是沈阳医科大的儿科主任，女婿关廉昭，是苏家屯有色加工厂的总工程师。我伯父陪同两位老人游览了沈阳市容，他们虽然年事已高，天气也很冷，但兴致很高，坐着三轮车四处转悠。后来据爷爷对我五伯父说，二姑公对他很赞许，说他懂得"人头眼尾"。

而我的爷爷，在1949年秋新会解放后，带着"地主"的背景和招惹同行妒忌的身份走入一个新的社会环境，他的境遇是不难预料的，那就是另外一个长长的故事了。

这张摄于八十年前的老照片，是五伯父最早的一张照片，我们互相传阅着，感叹着，它让我们看到了盛年时期的爷爷奶奶和年幼的五伯父，弥足珍贵的照片为我们早已熟悉的先辈故事提供了生动的影像佐证。

南通土改工作队员的合影

黄建栋

这张照片是南通地区海门县一个土改工作队在会场上的合影,时在解放战争时期。七个工作队员雄赳赳一字排开,六男一女,左边的五位身穿军装,有的斜背着挎包,中间的一位腰间别着手枪,右边第二个女同志身穿当年流行的列宁装,右一是一个当地干部,身穿中装,他们都脚穿当时流行的圆口布鞋。当年国民党发动内战,苏北解放区根据地的形势十分严峻,所以土改工作队是军队干部和当地行政干部相结合的组织,这张老照片记录了具有解放战争时期时代特征的典型的人物着装和环境特点,有重要的史料价值。

照片背景是一幢比较高大的民宅,墙壁是悬挂着毛泽东主席和朱德总司令早年的画像,画像的两旁张贴着土改标语,左边是"保证生产增收",右边是"确立农民……"旁边还挂了锦旗,上面绣着"农民之家"。通过查阅一些史料,右边第三个队员我能认出,名叫陆成,他头戴军帽,左臂夹着一叠文件,他是抗战时期参加革命久经考验的老革命,曾在新四军通海独立营任营职干部,1949年2月,在南通人民的欢呼中,迎着黎明的曙光,陆成同志是新中国成立初的海门县领导干部之一,

1946年,南通海门土改工作队合影。左三为陆成。

1953年2月曾经担任海门县法院院长,1956年,调至江苏省高级人民法院担任刑事审判庭庭长。

1946年3月,海门、启东两县分设(抗战时期海启两县合并称海启县),5月,县区委书记集中如皋参加地委扩大会议,传达中共中央"五四指示",要求各县同志回去后,一手拿枪、一手分田,力争在玉米收获之前,完成土改任务。一是帮助分到土地的贫苦农民,发展生产,以解决生活困难;二是敌人正积极准备在南通地区实行"清剿",内战在即,必须抢在敌人发动内战之前完成土改任务。

6月29日，县委在曹家镇天主堂（今启东市境内）召开土改工作扩大会议，由120个乡的代表及县区干部共1000多人参加，县委书记朱溪东主持，专署副专员梁灵光作土地改革的动员报告。会议通过讨论，明确了土改的目的、意义、方法、部署。历时12天，于7月10日结束。

县委扩大会议后，各区分别召开骨干分子会议，组织土改工作队，深入各乡村，紧紧依靠贫雇农，团结中农，广泛发动群众，执行"快速分田，力求其平"的方针，大张旗鼓地开展土地改革运动，按照县委试点的做法，海启地区13个区152个乡1160个村，进行土地改革的有151个乡，1141个村。海门境内有8个区进行了土地改革，80%的农民投入了这场运动。

这张土改时期的老照片，是见证这段历史的珍贵历史资料。

巫鸿先生如是说

冯克力

前些日子，陈丹青与著名美术史家巫鸿在线上有个对谈，话题围绕巫鸿新近出版的个人回忆文集展开。

谈到对20世纪五六十年代的回忆时，巫鸿说道：我们容易把记忆简化，我有点抗拒这个。比如我们现在懂得了很多很多事，把当时的历史都当成历史。我在写这本书的时候，有点抗拒这个东西，因为把这些东西加进去，一些鲜活的记忆就消失了。我觉得记忆是抵抗历史的，在有些时候，记忆是会被理性化、概念化和集体化的。历史有集体性，而记忆总是个人的。个人难免要来抵抗这种被集体化，被消失。

他与陈丹青的这次对谈，多少涉及了记忆与历史的关系，虽然没有深入展开，多是随兴的只言片语，却不乏哲思，对如何理解《老照片》所收集的那些个人记忆的特殊价值，也不无裨益。

其实，还在《老照片》出版之初，巫鸿便写过研究《老照片》和"老照片现象"的论文，为此他还打电话采访过我。这篇后来题为《"老照片热"与当代艺术：精英与流行文化的协商》的论文，当时发没发表、发表在哪里，我一概不知。直到十多年后的2018年，他把这篇文章收入了《聚焦：摄影在中国》，我才有幸看到。

在这篇论文里，巫鸿特别谈到《老照片》所开创的"照片/文本"这一呈现个人记忆的模式。他说，在《老照片》里"摄影影像不单是文字的图解，文字也并不只是对照片的说明。实际上，影像的作用是为重构历史和唤起记忆提供刺激、线索和载体。图像种类的多样性因此也就意味着历史重构的多种可能"。

他对《老照片》这本小小的"平民化读物"（巫鸿语）的体悟与论述，于编者的我们而言，说是醍醐灌顶也毫不为过，只可惜晚读了十几年。

不过，晚读或许也有晚读的益处。经过了岁月的累积之后，自有一种别样的况味在里面。

就像看老照片一样。